लक्ष्य कैसे प्राप्त करें

(मनोविज्ञान आधारित प्रेरक पुस्तक)

लक्ष्य कैसे प्राप्त करें

राज ऋषि शर्मा

राजर्षि प्रकाशन

नागवनी रोड, जम्मू

राजर्षि प्रकाशन

नागवनी रोड, जम्मू

पहला संस्करण, 2024
कीमत: रु.199.00

राज ऋषि शर्मा

राज ऋषि शर्मा हिंदी, डोगरी तथा अंग्रेजी भाषा के सुप्रसिद्ध लेखक हैं। मुख्य रूप से यह हिंदी में ही लिखते हैं। अब तक उनकी कई पुस्तकें एवं रचनाएं विभिन्न पत्र-पत्रिकाओं, संग्रहों में प्रकाशित तथा आकाशवाणी द्वारा प्रसारित हो चुकी हैं।

राज ऋषि शर्मा 1975 में 'महक' तथा 2022 में 'महकती वाटिका' पत्रिका के संपादक एवं प्रकाशक भी रहे हैं। इसके अतिरिक्त 1977 में 'राजर्षि कल्चर क्लब' का संचालन भी इन की प्रमुख गतिविधियों में सम्मिलित रहा है।

वर्तमान में, वह लेखन कार्य के अतिरिक्त 'महकती वाटिका' नामक काव्य संग्रहों की श्रृंखला के संपादन और प्रकाशन में भी लगे हुए हैं।

राज ऋषि शर्मा 'साहित्यालंकार' तथा 'साहित्य श्री' की उपाधि से भी सम्मानित किये जा चुके हैं।

लक्ष्य प्राप्त करने की क्षमता और मानव की इच्छाशक्ति को कभी कम करके नहीं आंकना चाहिए। हम सब एक समान ही होते हैं, महानता की सम्भावना हम सबमें बराबर होती है।

प्रस्तावना

'लक्ष्य कैसे प्राप्त करें' एक पुस्तक है जो जीवन के महत्वपूर्ण मुद्दों पर विचार करती है और पाठकों के जीवन को सफल बनाने के लिए प्रेरित करती है। यह पुस्तक अनगिनत मुद्दों पर ध्यान केंद्रित करती है जैसे कि सपनों की महत्वपूर्णता, संघर्ष का महत्व, सकारात्मक सोच की प्रासंगिकता, स्वाधीनता और समर्पण का महत्व, आदि।

पुस्तक का प्रारंभ जीवन के लक्ष्य को निर्धारित करने की महत्वपूर्णता पर ध्यान केंद्रित करता है। यह जीवन के उद्देश्य को स्पष्ट करने और उसे प्राप्त करने के लिए दिशा प्रदान करता है। सपनों के महत्व को बताते हुए, यह पुस्तक पढ़ने वालों को सपनों को वास्तविकता में बदलने के लिए प्रेरित करती है।

'लक्ष्य कैसे प्राप्त करें' स्वयं में विश्वास और सकारात्मक सोच की महत्वता को प्रोत्साहित करती है और उन्हें संघर्षों के माध्यम से अपने लक्ष्यों तक पहुंचने के लिए तैयार करती है। यह उन्हें असफलता को एक मौका मानने और सफलता के लिए निरंतर प्रयास करने के लिए प्रेरित करती है।

साथ ही, यह पुस्तक संघर्षों को पार करने के लिए रणनीति बनाने, स्वयं के लिए जिम्मेदारी उठानेऔर अपने अवसरों का उपयोग करने की महत्वता को भी जागरूक करती है। यह पुस्तक सहयोग, टीमवर्क और स्वास्थ्य के महत्व को भी उजागर करती है, जो एक सफल और संतुलित जीवन के लिए आवश्यक हैं।

अंत में, 'लक्ष्य कैसे प्राप्त करें' आत्म-प्रेम, सेल्फ-केयर, आदर्शोंऔर मूल्यों के पालन की महत्वपूर्णता पर भी ध्यान केंद्रित करती है, जो व्यक्ति को एक संगठनात्मक व्यक्तित्व का निर्माण करने में सहायता करता है।

यह पुस्तक एक अनमोल कृति है जो पाठकों को उनके जीवन में नई दिशा और प्रेरणा प्रदान करती है, जिससे वे अपने सपनों को पूरा करने के लिए प्रेरित हों।

-राज ऋषि शर्मा

अनुक्रमणिका

विषय

जीवन के लक्ष्य का निर्धारण करें

जीवन एक यात्रा है जिस पर हम सभी चलते हैं, जो उतार-चढ़ाव, खुशियों और दुखों से भरी होती है। अस्तित्व के इस विशाल विस्तार में, अपने उद्देश्य की स्पष्ट समझ होना आवश्यक है। एक परिभाषित लक्ष्य के बिना, जीवन लक्ष्यहीन और अर्थहीन लग सकता है। इसलिए, जीवन का उद्देश्य निर्धारित करना और उसे प्राप्त करने के लिए उसी प्रकार का अपना दृष्टिकोण को बनाना अनिवार्य हो जाता है।

जीवन का उद्देश्य निर्धारित करने में पहला कदम आत्म-चिंतन है। रोजमर्रा की जिंदगी की अराजकता से एक कदम पीछे हटना और अपने भीतर की गहराई में उतरना महत्वपूर्ण है। हमारे जुनून क्या हैं? हमें क्या खुशी और संतुष्टि देता है? हमारी ताकत और कमजोरियाँ क्या हैं? आत्मनिरीक्षण करके, हम अपनी सच्ची इच्छाओं और आकांक्षाओं के बारे में मूल्यवान अंतर्दृष्टि प्राप्त कर सकते हैं। किसी भी व्यक्ति का उसके जीवन में कुछ भी लक्ष्य हो सकता है।

एक व्यक्ति का लक्ष्य यह भी हो सकता है कि वह एक सफल व्यापारी बनना चाहता है और अपनी कंपनी को विश्वसनीयता और सफलता की ऊँचाइयों तक ले जाना चाहता है।

एक अन्य व्यक्ति का लक्ष्य हो सकता है कि वह गरीबों और बेरोजगारों की सहायता करना चाहता है और समाज में सहायता करने वाले एक बड़े परिवर्तन की ओर कदम बढ़ाना चाहता है।

किसी विद्यार्थी का लक्ष्य हो सकता है कि वह एक विशेषज्ञ बनना चाहता है और उसकी छात्रावास में अच्छे अंक प्राप्त करके तथा बाहर ऐवं विद्यापीठ में भी उत्तीर्ण होकर यह साबित करता है कि उसमें इस विषय की

बेहतरीन जानकारी है।

किसी खिलाड़ी का लक्ष्य होता है कि वह अपने खिलाड़ी जीवन में विश्व कप जीतकर, अपने देश का तिरंगा फहराना चाहता है।

किसी व्यक्ति का लक्ष्य जीवन में अच्छे कार्य करना और एक बहुत बड़ा आदमी बनना भी हो सकता है।

एक बार जब हम स्वयं को बेहतर ढंग से समझ लेते हैं, तो अगला कदम अपने उद्देश्य को अपने मूल्यों और विश्वासों के साथ संरेखित करना होता है। हम क्या प्रिय मानते हैं? कौन से सिद्धांत हमारे कार्यों का मार्गदर्शन करते हैं? अपने उद्देश्यों को अपने मूल्यों के साथ जोड़कर, हम यह सुनिश्चित करते हैं कि हमारी यात्रा हमारे मूल विश्वासों के अनुरूप हो, जिससे हम अधिक सार्थक और संतुष्टिदायक जीवन जी सकें।

जीवन के उद्देश्य को निर्धारित करने का एक और महत्वपूर्ण पहलू लक्ष्य निर्धारित करना है। लक्ष्य हमारी यात्रा में मील के पत्थर की तरह काम करते हैं, जो हमें दिशा और प्रेरणा देते हैं। वे उद्देश्य की भावना प्रदान करते हैं और हमें वास्तव में महत्वपूर्ण चीज़ों पर ध्यान केंद्रित करने में सहायता करते हैं। चाहे वह व्यक्तिगत विकास हो, करियर की सफलता हो या समाज पर सकारात्मक प्रभाव डालना हो, लक्ष्य निर्धारित करने से हम अपनी प्रगति को माप सकते हैं और रास्ते में आवश्यक समायोजन कर सकते हैं।

इसके अतिरिक्त, यह याद रखना आवश्यक है कि जीवन का उद्देश्य कोई निश्चित गंतव्य नहीं है, बल्कि विकास और आत्म-खोज की एक सतत प्रक्रिया है। जैसे-जैसे हम विकसित होते हैं और नई चीज़ों का अनुभव करते हैं, हमारा उद्देश्य बदल सकता है या विस्तारित हो सकता है। खुले दिमाग और अनुकूलनशील बने रहना, हमारे रास्ते में आने वाले अवसरों को अपनाना और ज़रूरत के अनुसार अपने उद्देश्य को फिर से परिभाषित करने के लिए तैयार रहना महत्वपूर्ण है।

आत्म-चिंतन और लक्ष्य-निर्धारण के अतिरिक्त, दूसरों से प्रेरणा लेना भी जीवन के उद्देश्य को निर्धारित करने में सहायता कर सकता है। ऐसे लोगों के अनुभवों और ज्ञान से सीखना जो समान मार्ग पर चले हैं, मूल्यवान अंतर्दृष्टि और मार्गदर्शन प्रदान कर सकते हैं। चाहे वह किताबें पढ़ना हो, सेमिनार में भाग लेना हो या सार्थक बातचीत में शामिल होना हो, स्वयं को सकारात्मक प्रभावों से घेरना हमें स्पष्टता और परिप्रेक्ष्य प्राप्त करने में सहायता कर सकता है।

इसके अतिरिक्त, जीवन में अर्थ खोजने में अक्सर दूसरों पर सकारात्मक प्रभाव डालना शामिल होता है। दूसरों की सेवा और सहायता करके, हम न केवल समाज की भलाई में योगदान करते हैं, बल्कि अपने भीतर उद्देश्य और संतुष्टि की गहरी भावना भी पाते हैं। दयालुता, स्वयंसेवा या ऐसा करियर अपनाना जो हमें बदलाव लाने की अनुमति देता है, ये सभी एक अधिक सार्थक जीवन में योगदान दे सकते हैं।

अंत में, यह याद रखना महत्वपूर्ण है कि जीवन का उद्देश्य व्यक्तिपरक और प्रत्येक व्यक्ति के लिए अद्वितीय है। जो एक व्यक्ति को खुशी और संतुष्टि देता है वह दूसरे को प्रतिध्वनित नहीं कर सकता है। इसलिए, दूसरों के साथ अपनी यात्रा की तुलना करने से बचना और इसके बजाय अपने स्वयं के मार्ग पर ध्यान केंद्रित करना महत्वपूर्ण है। अपने व्यक्तित्व को अपनाना और स्वयं के प्रति सच्चे रहना हमारे उद्देश्य को खोजने और एक प्रामाणिक और सार्थक जीवन जीने की कुंजी है।

अंत में, जीवन का उद्देश्य निर्धारित करना एक गहन व्यक्तिगत और आत्मनिरीक्षण प्रक्रिया है। इसके लिए आत्म-चिंतन, अपने उद्देश्यों को अपने मूल्यों के साथ जोड़ना, लक्ष्य निर्धारित करना, खुले विचारों वाला बने रहना, प्रेरणा लेना, दूसरों पर सकारात्मक प्रभाव डालना और अपने व्यक्तित्व को अपनाना आवश्यक है। आत्म-खोज की इस यात्रा पर निकलकर, हम अपने

जीवन में अर्थ और पूर्णता पा सकते हैं, हर पल को महत्वपूर्ण बना सकते हैं। तो, आइए हम चिंतन करने, अपने लक्ष्य निर्धारित करने और एक उद्देश्यपूर्ण और सार्थक जीवन जीने के लिए समय निकालें।

स्वप्न और उनकी महत्वपूर्णता

सपनों की खोज एक सीधी यात्रा नहीं है; यह बाधाओं, असफलताओं और चुनौतियों से भरा एक घुमावदार रास्ता है। इन परीक्षणों और क्लेशों के माध्यम से ही हम बढ़ते हैं, सीखते हैं और विकसित होते हैं। हमारे सपनों की ओर जाने वाला मार्ग हमें अपने डर का सामना करने, अपनी सीमाओं को आगे बढ़ाने और अपनी वास्तविक क्षमता को खोजने के लिए मजबूर करता है। आत्म-खोज की इस प्रक्रिया में ही मार्ग स्वयं ही गंतव्य बन जाता है।

जब हम अपने सपनों की ओर यात्रा शुरू करते हैं, तो हमारे पास अक्सर एक पूर्वकल्पित धारणा होती है कि सफलता कैसी दिखती है। हम एक विशिष्ट परिणाम, एक गंतव्य की कल्पना करते हैं जहाँ हमारे सभी प्रयास समाप्त हो जाएँगे। हालाँकि, जैसे-जैसे हम इस मार्ग पर आगे बढ़ते हैं, हमें एहसास होता है कि सफलता केवल एक गंतव्य नहीं है, बल्कि होने की एक अवस्था है। यह विकास, लचीलापन और परिवर्तन है जो हम रास्ते में अनुभव करते हैं जो वास्तव में हमारी सफलता को परिभाषित करता है।

हमारे सपनों की ओर जाने वाला मार्ग हमें अमूल्य जीवन के सबक सिखाता है। यह हमें दृढ़ता का महत्व सिखाता है, क्योंकि हम उन बाधाओं का सामना करते हैं जो हमारे संकल्प की परीक्षा लेती हैं। यह हमें लचीलापन सिखाता है, क्योंकि हम असफलताओं और झटकों से उबरना सीखते हैं। यह हमें धैर्य सिखाता है, क्योंकि हम समझते हैं कि सपनों को साकार होने में समय लगता है। यह हमें अनुकूलनशीलता सिखाता है, क्योंकि हम अप्रत्याशित मोड़ों से गुजरते हैं। इन पाठों के माध्यम से हम मजबूत, समझदार और जीवन में आने वाली चुनौतियों का सामना करने में अधिक

सक्षम बनते हैं।

इसके अतिरिक्त, हमारे सपनों की ओर जाने वाला मार्ग हमें उन लोगों से जुड़ने की अनुमति देता है जो समान आकांक्षाएँ साझा करते हैं। इन कनेक्शनों के माध्यम से हमें समर्थन, प्रोत्साहन और प्रेरणा मिलती है। हमें एहसास होता है कि हम अपनी यात्रा में अकेले नहीं हैं और हमारे पहले भी ऐसे लोग हैं जो इस रास्ते पर चल चुके हैं। हम उनके अनुभवों से सीखते हैं, उनकी बुद्धिमत्ता से अंतर्दृष्टि प्राप्त करते हैं और उनकी समझ में सांत्वना पाते हैं। रास्ते में हम जो रिश्ते बनाते हैं, वे हमारी यात्रा का एक अभिन्न अंग बन जाते हैं, हमारे जीवन को समृद्ध करते हैं और रास्ते को संजोने लायक बनाते हैं।

सपने हमारे जीवन में बहुत महत्व रखते हैं। वे हमें उद्देश्य, दिशा और प्रेरणा की भावना प्रदान करते हैं। हालाँकि, केवल इन सपनों की प्राप्ति ही मायने नहीं रखती; यह यात्रा ही है जो हमें बदल देती है। हमारे सपनों की ओर जाने वाला मार्ग हमें जीवन के अमूल्य सबक सिखाता है, हमारी वास्तविक क्षमता को पहचानने में हमारी सहायता करता है और हमें उन लोगों से जुड़ने का अवसर देता है जो समान आकांक्षाएं रखते हैं।

एक उदाहरण है कि एक व्यक्ति का स्वप्न है कि वह एक अच्छे ग्रेड के साथ एक प्रसिद्ध विश्वविद्यालय में पढ़ाई करता है। इस स्वप्न की महत्वपूर्णता यह है कि यह उस व्यक्ति को प्रेरित करता है अपनी पढ़ाई में मेहनत करने और अपने लक्ष्य की ओर प्रगति करने के लिए। यह स्वप्न उसे अपने जीवन के निर्माण में महत्वपूर्ण निर्देशक मार्गदर्शन प्रदान करता है। इसके लिए वह अपनी पढ़ाई में समर्पित होता है, अध्ययन करता है और अपने लक्ष्य की प्राप्ति के लिए संघर्ष करता है। इस प्रकार, यह स्वप्न उसके जीवन को एक उच्चतम स्तर पर ले जाने में महत्वपूर्ण भूमिका निभाता है।

जिस व्यक्ति का जितना बड़ा स्वप्न होगा वो उसके लिए इतना ही परिश्रम करेगा। वो उतना ही अपने लक्ष्य की प्राप्ति के प्रति निष्ठावान होगा। उसका प्रत्येक कार्य जब अपने स्वप्न को पूरा करने के लिए ही होगा, प्रत्येक पग उसके लक्ष्य की ओर ही अग्रसर होगा तो वो निश्चित रूप से ही इसे प्राप्त करने में भी सफल होगा।

इस सम्बन्ध में एक सच्ची कहानी है, जो पाठकों के लिए बहुत प्रेरक हो सकती है। यह कहानी डॉ. रीटा तिलंथे के विषय में है। वह एक महिला थी, जिसने अपने जीवन में एक लक्ष्य का निर्धारण करते धैर्य एवं परिश्रम से अपने डॉक्टर बनने के सपने को पूरा किया। उसने अपने बचपन से ही सुना था कि डॉक्टर भगवान का दूसरा रूप होता है। उसके माता–पिता भी उसे डॉक्टर ही बनाना चाहते थे और उनसे प्रेरित होते हुए ही उसकी भी यही इच्छा थी। लेकिन उसके सपने की उड़ान तब रुक गई जब 10वीं की परीक्षा के मध्य उसका स्वास्थ्य खराब हो गया और उसे सप्लीमेंट्री परीक्षा देनी पड़ी। इसके लिए उसने फिर से परिश्रम किया और सप्लीमेंट्री परीक्षा अच्छे अंकों में पास कर के गृह विज्ञान विषय में अपना दाखिला ले लिया। लेकिन उसका मन तो अभी भी विज्ञान की प्रयोगशाला में ही अटका हुआ था। उसने अपने अध्ययन के मध्य फिर से अथक परिश्रम किया और 12वीं कक्षा की परीक्षा में अच्छा स्थान प्राप्त किया। इसके पश्चात उसने बरकतउल्ला विश्वविद्यालय में दाखिला लिया और अपने सपने को पूरा किया।

संकल्प और समर्पण की आवश्यकता

जीवन में, हम अक्सर ऐसे व्यक्तियों से मिलते हैं जो अपने लक्ष्यों के प्रति दृढ़ संकल्प और समर्पण रखते हैं। ये व्यक्ति अपने सपनों को प्राप्त करने के लिए दृढ़ संकल्प से प्रेरित होते हैं और उन्हें वास्तविकता बनाने के लिए आवश्यक प्रयास और कड़ी मेहनत करने को तैयार रहते हैं। दृढ़ संकल्प और समर्पण का यह संयोजन किसी भी प्रयास में सफलता के लिए महत्वपूर्ण है, चाहे वह व्यक्तिगत हो या पेशेवर।

दृढ़ संकल्प उद्देश्य की दृढ़ता और बाधाओं और असफलताओं का सामना करने के बावजूद लक्ष्य पर केंद्रित रहने की क्षमता है। यह आंतरिक शक्ति है जो हमें आगे बढ़ने के लिए प्रेरित करती है, भले ही रास्ता कठिन या अनिश्चित क्यों न लगे। दृढ़ संकल्प के बिना, चुनौतियों का सामना करने पर हार मान लेना आसान है और हमारे सपने अधूरे रह जाते हैं।

दूसरी ओर, समर्पण किसी विशेष कारण या लक्ष्य के प्रति प्रतिबद्धता और निष्ठा है। यह उस लक्ष्य को प्राप्त करने में समय, ऊर्जा और संसाधनों का निवेश करने की इच्छा है। समर्पण के लिए अनुशासन और दृढ़ता की आवश्यकता होती है, क्योंकि इसमें अक्सर त्याग और कड़ी मेहनत शामिल होती है। समर्पण के बिना, हमारे प्रयासों में निरंतरता और ध्यान की कमी हो सकती है, जिसके परिणामस्वरूप औसत दर्जे के परिणाम मिलते हैं।

दृढ़ संकल्प और समर्पण की आवश्यकता जीवन के विभिन्न पहलुओं में स्पष्ट है। शिक्षा जगत में, जो छात्र दृढ़ निश्चयी और समर्पित होते हैं, उनके पढ़ाई में बेहतर प्रदर्शन करने की संभावना अधिक होती है। वे स्पष्ट लक्ष्य निर्धारित करते हैं, अध्ययन योजना बनाते हैं और अच्छे ग्रेड प्राप्त करने के लिए लगन से काम करते हैं। वे सफलताओं या असफलताओं से

विचलित नहीं होते हैं, बल्कि उन्हें सुधार और विकास के लिए सीखने के अवसरों के रूप में उपयोग करते हैं।

पेशेवर दुनिया में, करियर में उन्नति के लिए दृढ़ संकल्प और समर्पण आवश्यक है। जो व्यक्ति सफल होने के लिए दृढ़ संकल्पित होते हैं, वे चुनौतीपूर्ण परियोजनाओं को लेने, विकास के अवसरों की तलाश करने और अपने कौशल को लगातार उन्नत करने की अधिक संभावना रखते हैं। वे अपने काम के प्रति समर्पित होते हैं, गुणवत्तापूर्ण परिणाम देने और समय सीमा को पूरा करने के लिए अतिरिक्त प्रयास करते हैं। ऐसे व्यक्तियों को अक्सर उनके प्रयासों के लिए पहचाना और पुरस्कृत किया जाता है, जिससे आगे की सफलता का मार्ग प्रशस्त होता है।

व्यक्तिगत संबंधों में, दृढ़ संकल्प और समर्पण मजबूत और स्थायी बंधन बनाने में महत्वपूर्ण भूमिका निभाते हैं। जो जोड़े अपने रिश्ते को सफल बनाने के लिए दृढ़ संकल्पित होते हैं, वे एक-दूसरे को समझने और समर्थन देने में समय और प्रयास लगाने को तैयार रहते हैं। वे कठिन समय में भी अपने रिश्ते को पोषित करने के लिए समर्पित होते हैं और संघर्षों को सुलझाने और खुले संचार को बनाए रखने के लिए प्रतिबद्ध होते हैं। यह दृढ़ संकल्प और समर्पण एक पूर्ण और सामंजस्यपूर्ण साझेदारी के लिए एक ठोस आधार तैयार करता है।

इसके अतिरिक्त, दीर्घकालिक लक्ष्यों और आकांक्षाओं को प्राप्त करने के लिए दृढ़ संकल्प और समर्पण महत्वपूर्ण हैं। चाहे वह व्यवसाय शुरु करना हो, जुनून का पीछा करना हो या समाज पर सकारात्मक प्रभाव डालना हो, ये गुण आवश्यक हैं। वे बाधाओं को दूर करने, ध्यान केंद्रित करने और वांछित परिणाम प्राप्त होने तक दृढ़ रहने के लिए प्रेरणा प्रदान करते हैं। हालाँकि, दृढ़ संकल्प और समर्पण विकसित करना हमेशा आसान नहीं होता है। इसके लिए धैर्य की आवश्यकता होती है। यहाँ कुछ रणनीतियाँ दी गई हैं

जो इन गुणों आत्म-अनुशासन, आत्म-विश्वास और उद्देश्य की एक मजबूत भावना को विकसित करने में सहायता कर सकती हैं:

1. स्पष्ट लक्ष्य निर्धारित करें: स्पष्ट रूप से परिभाषित करें कि आप क्या हासिल करना चाहते हैं और इसे छोटे, प्रबंधनीय चरणों में विभाजित करें। इससे दिशा की भावना मिलेगी और लक्ष्य अधिक प्राप्त करने योग्य लगेगा।

2. सकारात्मक रहें: सकारात्मक मानसिकता बनाए रखें और अपनी क्षमताओं पर विश्वास करें। अपने आप को ऐसे सहायक और उत्साहवर्धक व्यक्तियों से घेरें जो चुनौतीपूर्ण समय में आपका उत्थान कर सकें।

3. असफलता को स्वीकार करें: असफलताओं को विकास और सीखने के अवसरों के रूप में देखें। हार मानने के बजाय, विश्लेषण करें कि क्या गलत हुआ, आवश्यक समायोजन करें और फिर से प्रयास करें।

4. ध्यान केंद्रित रखें: ध्यान भटकाने वाली चीज़ों से बचें और अपने लक्ष्यों के प्रति प्रतिबद्ध रहें। अपने समय और ऊर्जा को उन गतिविधियों पर प्राथमिकता दें जो आपके उद्देश्यों के अनुरूप हों।

5. सहायता लें: अपने आप को समान विचारधारा वाले व्यक्तियों से घेरें जो समान लक्ष्य और आकांक्षाएँ साझा करते हों। उनका समर्थन और प्रोत्साहन आपको प्रेरित और समर्पित रहने में सहायता कर सकता है।

निष्कर्ष रूप में, दृढ़ संकल्प और समर्पण किसी भी प्रयास में सफलता के लिए आवश्यक गुण हैं। वे बाधाओं को दूर करने और अपने लक्ष्यों को प्राप्त करने के लिए आवश्यक प्रेरणा, ध्यान और प्रतिबद्धता प्रदान करते हैं। इन गुणों को विकसित करके, हम अपनी पूरी क्षमता को अनलॉक कर सकते हैं और एक पूर्ण और सार्थक जीवन बना सकते हैं। तो, आइए हम

दृढ़ संकल्प और समर्पण को अपनाएँ और अपने सपनों को साकार करने की दिशा में प्रयास करें।

स्वयं के विश्वास को बढ़ावा दें

बहुत समय पहले की बात है, एक गांव में एक छोटा सा लड़का रहता था। उसका नाम राहुल था। राहुल एक बहुत ही शरारती और प्रश्नात्मक बच्चा था। वह हमेशा अपनी क्षमताओं पर संदेह करता था और अपने आप में विश्वास नहीं रखता था।

एक दिन, राहुल ने अपने गुरु से पूछा, 'गुरुजी, मुझे महसूस होता है कि मैं किसी भी काम में सफल नहीं हो सकता। क्या मेरी कोई क्षमता है जिसे मैं विकसित कर सकूं और स्वयं के विश्वास को बढ़ा सकूं?'

गुरुजी मुस्काते हुए बोले, 'राहुल, मैं तुम्हें एक कहानी सुनाता हूं। यह कहानी एक गोलू नामक लड़के की है। गोलू भी तुम्हारे जैसा ही था जो स्वयं पर विश्वास नहीं रखता था।'

गुरुजी ने कहानी बतानी शुरू की। गोलू एक मेहनती और दिल से मेहनत करने वाला बच्चा था। उसका सपना था एक उच्च शिक्षा प्राप्त करना और अपने परिवार को गर्व महसूस कराना। लेकिन उसके मन में एक प्रश्न हमेशा उठता रहता था कि क्या उसमें इतनी क्षमता है जो उसे उच्च शिक्षा में सफल बना सके।

एक दिन, गोलू के पास एक चुनौती आई। उसके स्कूल में एक गणित प्रतियोगिता आयोजित की गई। गोलू को चुनौती स्वीकार करनी पड़ी। वह अपनी आदत के अनुसार दुखी हो गया और सोचा कि वह कभी भी इस प्रतियोगिता में जीत नहीं सकता।

गोलू ने अपने गणित गुरु से सहायता मांगी और उसे अपनी समस्या के बारे में बताया। उसका गुरु उसे प्यार से मुस्कराते हुए बताया, 'गोलू, तुममें बहुत अच्छी क्षमताएं हैं। तुम मेहनती हो और काबिल हो। तुम

किसी भी काम में सफल हो सकते हो। तुम्हारे पास स्वयं के विश्वास को बढ़ाने की शक्ति है।'

गुरुजी ने गोलू को गणित की एक खास तकनीक सिखाई जो मुश्किल समस्याओं को हल करने में सहायता करती है। उसने गोलू को प्रतियोगिता के लिए तैयार किया और उसे प्रेरित किया कि वह अपनी क्षमताओं पर विश्वास रखे।

प्रतियोगिता के दिन, गोलू ने अपनी सभी क्षमताओं का उपयोग करके संघर्ष किया। वह सवालों का ध्यानपूर्वक समाधान करने की कोशिश किया और स्वयं पर विश्वास रखा।

अंत में, जजों ने परिणाम घोषित किया और गोलू को प्रथम पुरस्कार प्रदान किया। गोलू ने अपने गुरु को धन्यवाद दिया और कहा, 'धन्यवाद गुरुजी, आपने मुझे मेरी क्षमताओं पर विश्वास करना सिखाया। मैंने इस प्रतियोगिता में सफलता प्राप्त की है और अब मुझे अपनी क्षमताओं पर पूरा विश्वास है।'

इस कहानी से हमें यह सीख लेनी चाहिए कि हमें स्वयं पर विश्वास रखना आवश्यक है। हमारे पास अनगिनत संभावनाएं होती हैं और हम सभी में क्षमताएं मौजूद होती हैं। हमें मेहनत करनी चाहिए,आत्मविश्वास को बढाना देना असली क्षमता को उजागर करना है। जो मनुष्य के लिए उसके जीवन में इतना ही आवश्यक है जितना जीवन जीने के लिए प्रयास का किया जाना। आत्मविश्वास एक शक्तिशाली गुण है जो हमारे जीवन को बहुत प्रभावित कर सकता है। यह हमारी क्षमताओं, कौशल और योग्यता में विश्वास है। जब हमारे पास आत्मविश्वास होता है, तो हम जोखिम लेने, अपने लक्ष्यों का पीछा करने और बाधाओं को पार करने की अधिक संभावना रखते हैं। दूसरी ओर, आत्मविश्वास की कमी हमारी प्रगति में बाधा डाल सकती है और हमारी क्षमता को सीमित कर सकती है। इसलिए, एक पूर्ण और सफल जीवन

जीने के लिए अपने आत्मविश्वास को विकसित करना और बढ़ाना महत्वपूर्ण है।

आत्मविश्वास बनाने की यात्रा आत्म-जागरूकता से शुरू होती है। अपनी ताकत, कमजोरियों और मूल्यों को समझने से हमें यह स्पष्ट समझ मिलती है कि हम कौन हैं और हम क्या हासिल कर सकते हैं। अपनी पिछली उपलब्धियों पर विचार करने के लिए समय निकालें और उन कौशलों और गुणों को स्वीकार करें जिन्होंने आपकी सफलता में योगदान दिया। अपनी क्षमताओं को पहचानकर, आप आत्मविश्वास की एक ठोस नींव बनाना शुरू कर सकते हैं।

आत्मविश्वास बढ़ाने का एक और आवश्यक पहलू यथार्थवादी लक्ष्य निर्धारित करना है। जब हम प्राप्त करने योग्य उद्देश्य निर्धारित करते हैं, तो हम सफलता के अवसर पैदा करते हैं और अपनी क्षमताओं में अपने विश्वास को मजबूत करते हैं। अपने बड़े लक्ष्यों को छोटे, प्रबंधनीय कार्यों में विभाजित करके शुरू करें। अपने रास्ते में हासिल की गई हर उपलब्धि का जश्न मनाएँ, क्योंकि इससे आपका आत्मविश्वास और प्रेरणा और बढ़ेगी।

सकारात्मक आत्म-चर्चा आत्मविश्वास बढ़ाने का एक शक्तिशाली साधन है। हमारा आंतरिक संवाद हमारे बारे में और हमारी क्षमताओं के बारे में हमारी धारणा को बहुत प्रभावित करता है। नकारात्मक विचारों और आत्म-संदेह को सकारात्मक पुष्टि से बदलें। अपनी पिछली उपलब्धियों को याद करें और अपनी ताकत पर ध्यान केंद्रित करें। अपने आप को ऐसे लोगों से घेरें जो आपकी क्षमताओं पर विश्वास करते हैं और उन्हें प्रोत्साहित करते हैं। आप पर उनका विश्वास आपके आत्मविश्वास को मजबूत करने में सहायता करेगा।

आत्मविश्वास बढ़ाने के लिए अपने शारीरिक और मानसिक स्वास्थ्य का ध्यान रखना भी महत्वपूर्ण है। नियमित व्यायाम करें, संतुलित

आहार लें और पर्याप्त नींद लें। शारीरिक गतिविधि एंडोर्फिन जारी करती है, जो प्राकृतिक मूड बूस्टर हैं। इसके अतिरिक्त, माइंडफुलनेस और मेडिटेशन का अभ्यास करने से मन को शांत करने और चिंता को कम करने में सहायता मिल सकती है, जिससे अधिक आत्मविश्वास मिलता है।

अपने कम्फर्ट जोन से बाहर निकलना आत्मविश्वास बढ़ाने का एक और प्रभावी तरीका है। विकास के लिए नई चुनौतियों और अवसरों को अपनाएँ। अपनी सीमाओं से परे जाकर, हम स्वयं को साबित करते हैं कि हम जितना हमने शुरू में सोचा था उससे कहीं अधिक हासिल करने में सक्षम हैं। अपरिचित क्षेत्र में हर छोटी सफलता आत्मविश्वास की भावना को बढ़ाने में योगदान देगी।

असफलताओं और झटकों से सीखना आत्मविश्वास बढ़ाने का एक अभिन्न अंग है। असफलताओं को हमारे मूल्य के प्रतिबिंब के रूप में देखने के बजाय, उन्हें विकास और सुधार के अवसरों के रूप में देखें। विश्लेषण करें कि क्या गलत हुआ, सीखे गए सबक की पहचान करें और सफल होने के अपने दृढ़ संकल्प को बढ़ावा देने के लिए उनका उपयोग करें। याद रखें, सबसे सफल व्यक्तियों को भी अपनी यात्रा के दौरान असफलताओं का सामना करना पड़ा है।

अंत में, आत्म-करुणा का अभ्यास करें। अपने आप के साथ दयालुता और समझदारी से पेश आएं। स्वीकार करें कि कोई भी व्यक्ति पूर्ण नहीं है और गलतियाँ करना ठीक है। अपनी खामियों को स्वीकार करें और बिना शर्त स्वयं से प्यार करना सीखें। स्वयं को स्वीकार करने और महत्व देने से, आप स्वाभाविक रूप से आत्मविश्वास से भर जाएँगे।

आत्मविश्वास बढ़ाना एक आजीवन यात्रा है जिसके लिए निरंतर प्रयास और आत्म-चिंतन की आवश्यकता होती है। यह कुछ ऐसा नहीं है जिसे रातोंरात हासिल किया जा सकता है, लेकिन समर्पण और दृढ़ता के

साथ, यह हर किसी की पहुँच में है। स्वयं पर विश्वास रखें, यथार्थवादी लक्ष्य निर्धारित करें, स्वयं को सकारात्मकता से घेरें, अपनी सेहत का ख्याल रखें, चुनौतियों को स्वीकार करें, असफलताओं से सीखें और आत्म-करुणा का अभ्यास करें। ऐसा करने से, आप अपनी सच्ची क्षमता को उजागर करेंगे और आत्म-आश्वासन और सफलता से भरा जीवन जीएँगे।

संघर्षों का महत्व और उनसे सीखें

संघर्ष जीवन का एक अनिवार्य हिस्सा हैं। वे विभिन्न रूपों में आते हैं और शारीरिक और भावनात्मक दोनों हो सकते हैं। हालांकि वे कभी-कभी कठिन और भारी लग सकते हैं, लेकिन उनके महत्व को पहचानना और उनसे मिलने वाले सबक को पहचानना महत्वपूर्ण है। इस लेख में, हम संघर्षों के महत्व और उनसे मिलने वाले सबक के बारे में जानेंगे।

सबसे पहले और सबसे महत्वपूर्ण बात यह है कि संघर्ष हमें व्यक्तिगत विकास का अवसर प्रदान करते हैं। चुनौतियों का सामना करते समय, हम अपने आराम क्षेत्र से बाहर निकलने और अपनी सीमाओं का सामना करने के लिए मजबूर हो जाते हैं। प्रतिकूल परिस्थितियों के इन क्षणों के दौरान ही हम अपनी वास्तविक क्षमता का पता लगाते हैं और लचीलापन विकसित करते हैं। संघर्ष हमें अपने भीतर गहराई से उतरने, अपनी आंतरिक शक्ति का दोहन करने और बाधाओं को दूर करने के लिए रचनात्मक समाधान खोजने के लिए प्रेरित करते हैं। इस प्रक्रिया के माध्यम से, हम अनुकूलन करना, दृढ़ रहना और अधिक आत्मनिर्भर व्यक्ति बनना सीखते हैं।

इसके अतिरिक्त, संघर्ष हमें जीवन के मूल्यवान सबक सिखाते हैं। वे हमें एक अनूठा दृष्टिकोण प्रदान करते हैं और हमें ज्ञान और अंतर्दृष्टि प्राप्त करने की अनुमति देते हैं जो हम अन्यथा प्राप्त नहीं कर सकते थे। जब हम कठिनाइयों का सामना करते हैं, तो हम अपनी प्राथमिकताओं का पुनर्मूल्यांकन करने, अपने विश्वासों पर सवाल उठाने और अपने कार्यों पर विचार करने के लिए मजबूर हो जाते हैं। संघर्ष हमें आलोचनात्मक रूप से सोचने और सूचित निर्णय लेने की चुनौती देते हैं। वे हमें धैर्य, दृढ़ता और दृढ़ संकल्प का महत्व सिखाते हैं। संघर्षों का अनुभव करके और उन पर काबू

पाकर, हम दूसरों के प्रति अधिक सहानुभूतिपूर्ण, दयालु और समझदार बन जाते हैं जो समान चुनौतियों से गुजर रहे हों।

संघर्ष व्यक्तिगत विकास को भी बढ़ावा देते हैं। वे हमें अपनी ताकत और कमजोरियों की पहचान करने में सहायता करते हैं, जिससे हम उन क्षेत्रों पर काम कर पाते हैं जिनमें सुधार की आवश्यकता है। जब प्रतिकूल परिस्थितियों का सामना करना पड़ता है, तो हम अक्सर नए कौशल, ज्ञान और विशेषज्ञता हासिल करने के लिए प्रेरित होते हैं। उदाहरण के लिए, एक व्यक्ति जिसने अपनी नौकरी खो दी है, वह आगे की शिक्षा प्राप्त करने या कोई नया व्यापार सीखने का निर्णय ले सकता है। संघर्ष हमें स्वयं को फिर से आविष्कार करने और छिपी हुई प्रतिभाओं और जुनून की खोज करने का अवसर प्रदान करते हैं। वे व्यक्तिगत विकास को प्रोत्साहित करते हैं और हमें स्वयं के बेहतर संस्करण बनने में सक्षम बनाते हैं।

इसके अतिरिक्त, संघर्ष चरित्र का निर्माण करते हैं। वे हमारे धैर्य, लचीलेपन और दृढ़ संकल्प का परीक्षण करते हैं। जब हम कठिनाइयों का सामना करते हैं और हार मानने से इनकार करते हैं, तो हम चरित्र और अखंडता की एक मजबूत भावना विकसित करते हैं। संघर्ष हमें दृढ़ता और कड़ी मेहनत का महत्व सिखाते हैं। वे हमें याद दिलाते हैं कि सफलता रातोंरात नहीं मिलती बल्कि निरंतर प्रयास और समर्पण से मिलती है। संघर्षों पर काबू पाकर, हम अपनी क्षमताओं में अधिक आश्वस्त हो जाते हैं और एक सकारात्मक मानसिकता विकसित करते हैं जो हमें आशावाद और लचीलेपन के साथ भविष्य की चुनौतियों से निपटने की अनुमति देती है।

व्यक्तिगत विकास और चरित्र विकास के अतिरिक्त, संघर्ष हमारे रिश्तों पर भी गहरा प्रभाव डालते हैं। जब हम कठिनाइयों का सामना करते हैं, तो हम अक्सर समर्थन और मार्गदर्शन के लिए अपने प्रियजनों की ओर रुख करते हैं। संघर्ष लोगों की एक साथ लाते हैं, एकता और एकजुटता की

भावना को बढ़ावा देते हैं। वे मौजूदा रिश्तों को मजबूत करते हैं और नए रिश्ते बनाते हैं। संघर्ष के साझा अनुभवों के माध्यम से, हम दूसरों के साथ गहरे संबंध विकसित करते हैं और भावनात्मक समर्थन के लिए एक-दूसरे पर भरोसा करना सीखते हैं। संघर्ष हमें समुदाय के महत्व और सामूहिक प्रयास की शक्ति सिखाते हैं।

अंत में, संघर्ष जीवन का एक अभिन्न अंग है जिससे डरना या बचना नहीं चाहिए। इसके बजाय, हमें उन्हें व्यक्तिगत विकास, सीखने और विकास के अवसरों के रूप में अपनाना चाहिए। संघर्ष हमें मूल्यवान जीवन सबक सिखाते हैं, व्यक्तिगत विकास को बढ़ावा देते हैं, चरित्र का निर्माण करते हैं और रिश्तों को मजबूत करते हैं। वे हमें हमारी लचीलापन, दृढ़ संकल्प और प्रतिकूलता पर काबू पाने की क्षमता की याद दिलाते हैं। इसलिए, अगली बार जब आप स्वयं को किसी संघर्ष का सामना करते हुए पाएं, तो उसे स्वीकार करना, उससे सीखना और उससे आगे बढ़ना याद रखें।

असफलता को एक मौका मानें

असफलता को अक्सर एक नकारात्मक और हतोत्साहित करने वाला अनुभव माना जाता है। यह ऐसी चीज है जिससे अधिकांश लोग हर कीमत पर बचने की कोशिश करते हैं। हालांकि, क्या होगा अगर हम अपना नजरिया बदल लें और असफलता को विकास और सीखने के अवसर के रूप में देखें? क्या होगा अगर हम असफलता को सफलता की ओर एक कदम के रूप में देखें? इस लेख में, हम असफलता को स्वीकार करने की अवधारणा और यह कैसे व्यक्तिगत और व्यावसायिक विकास की ओर ले जा सकती है, इस पर चर्चा करेंगे।

असफलता जीवन का एक अपरिहार्य हिस्सा है। हम चाहे कितनी भी कोशिश कर लें, ऐसे समय आएंगे जब चीजें योजना के अनुसार नहीं होंगी। यह एक असफल व्यावसायिक उद्यम, एक अस्वीकृत नौकरी आवेदन या एक टूटा हुआ रिश्ता हो सकता है। ये असफलताएँ निराशाजनक हो सकती हैं और हमें अपनी क्षमताओं और मूल्य पर सवाल उठाने पर मजबूर कर सकती हैं। हालांकि, यह याद रखना महत्वपूर्ण है कि असफलता सड़क का अंत नहीं है। यह केवल एक चक्कर है जो हमें नए और अप्रत्याशित रास्तों पर ले जा सकता है।

असफलता को अक्सर नकारात्मक अनुभव के रूप में देखे जाने का एक मुख्य कारण दूसरों से निर्णय और आलोचना का डर है। हम एक ऐसे समाज में रहते हैं जो सफलता को महत्व देता है और अक्सर असफलता को कलंकित करता है। हालाँकि, यह समझना ज़रूरी है कि असफलता सीखने की प्रक्रिया का एक स्वाभाविक हिस्सा है। असफलता के ज़रिए ही हम मूल्यवान अंतर्दृष्टि प्राप्त करते हैं और सीखते हैं कि क्या काम करता है और

क्या नहीं। लाइट बल्ब के आविष्कारक थॉमस एडिसन ने एक बार कहा था, 'मैं असफल नहीं हुआ हूँ। मैंने सिर्फ़ 10,000 ऐसे तरीके खोजे हैं जो काम नहीं करेंगे।' असफलता को सीखने के अवसर के रूप में देखने की यह मानसिकता ही सफल व्यक्तियों को बाकियों से अलग बनाती है।

असफलता को स्वीकार करने के लिए मानसिकता में बदलाव की ज़रूरत होती है। असफलता के नकारात्मक पहलुओं पर ध्यान देने के बजाय, हमें इससे मिलने वाले सबक पर ध्यान देना चाहिए। असफलता हमें अपने कार्यों पर विचार करने और ज़रूरी समायोजन करने का अवसर प्रदान करती है। यह हमें अपनी कमज़ोरियों को पहचानने और उन्हें सुधारने पर काम करने की अनुमति देती है। असफलता को स्वीकार करने से हम भविष्य की चुनौतियों से निपटने के लिए ज़्यादा लचीले और बेहतर ढंग से सुसज्जित बनते हैं।

असफलता रचनात्मकता और नवाचार को भी बढ़ावा देती है। जब हम असफलता का सामना करते हैं, तो हम अलग तरीके से सोचने और नए समाधान खोजने के लिए मजबूर हो जाते हैं। इतिहास के कुछ सबसे महान आविष्कार और खोजें असफलताओं का नतीजा थीं। एलेक्जेंडर फ्लेमिंग ने गलती से पेनिसिलिन की खोज की, जब उन्होंने पेट्री डिश को खुला छोड़ दिया, जिससे मोल्ड की वृद्धि हुई। इस अप्रत्याशित विफलता ने आधुनिक चिकित्सा में सबसे महत्वपूर्ण एंटीबायोटिक दवाओं में से एक के विकास को जन्म दिया।

इसके अतिरिक्त, विफलता चरित्र और दृढ़ता का निर्माण करती है। यह हमें गिरने के बाद स्वयं को उठाना और आगे बढ़ते रहना सिखाती है। यह हममें दृढ़ संकल्प और लचीलेपन की भावना पैदा करती है जो सफलता के लिए आवश्यक है। कई सफल व्यक्तियों ने अपने लक्ष्य हासिल करने से पहले कई असफलताओं का सामना किया है। हैरी पॉटर श्रृंखला की

लेखिका जे.के. राउलिंग को अंततः सफलता पाने से पहले प्रकाशकों से कई अस्वीकृतियों का सामना करना पड़ा। उन्होंने एक बार कहा था, 'किसी चीज़ में असफल हुए बिना जीना असंभव है जब तक कि आप इतनी सावधानी से न जिएँ कि आप शायद कभी न जिएँ।'

अंत में, विफलता को एक झटके के रूप में नहीं देखा जाना चाहिए, बल्कि विकास और सीखने के अवसर के रूप में देखा जाना चाहिए। विफलता को स्वीकार करके, हम लचीलापन, रचनात्मकता और दृढ़ता विकसित कर सकते हैं। यह हमें अपने कार्यों पर चिंतन करने, अपनी गलतियों से सीखने और आवश्यक समायोजन करने की अनुमति देता है। इसलिए, अगली बार जब आप असफलता का सामना करें, तो याद रखें कि यह अंत नहीं है, बल्कि सफलता की ओर एक कदम है। इसे अपनाएँ, इससे सीखें और इसे आपको और अधिक ऊंचाइयों की ओर ले जाने दें।

सकारात्मक सोच की महत्वता

सकारात्मक सोच एक शक्तिशाली उपकरण है जो हमारे जीवन को बहुत प्रभावित कर सकता है। यह किसी भी स्थिति में अच्छे पर ध्यान केंद्रित करने और आशावादी दृष्टिकोण बनाए रखने का अभ्यास है। इस मानसिकता में हमारे जीवन, रिश्तों और समग्र कल्याण को बदलने की क्षमता है। इस लेख में, हम सकारात्मक सोच के महत्व का पता लगाएंगे और यह हमारे जीवन में सकारात्मक बदलाव कैसे ला सकता है।

सबसे पहले और सबसे महत्वपूर्ण, सकारात्मक सोच का हमारे मानसिक स्वास्थ्य पर गहरा प्रभाव पड़ता है। जब हम अपने जीवन के सकारात्मक पहलुओं पर ध्यान केंद्रित करना चुनते हैं, तो हमें खुशी, संतोष और मन की शांति का अनुभव होने की अधिक संभावना होती है। यह सकारात्मक मानसिकता हमें लचीलेपन और दृढ़ संकल्प के साथ चुनौतियों और असफलताओं को दूर करने में सहायता करती है। यह हमें उन अवसरों को देखने की अनुमति देता है जहाँ अन्य लोग केवल बाधाएँ देख सकते हैं। सकारात्मक विचारों को विकसित करके,हम तनाव, चिंता और अवसाद को कम कर सकते हैं, जिससे मानसिक स्वास्थ्य में सुधार होता है।

इसके अतिरिक्त, सकारात्मक सोच का हमारे शारीरिक स्वास्थ्य पर सीधा प्रभाव पड़ता है। कई अध्ययनों से पता चला है कि सकारात्मक दृष्टिकोण वाले व्यक्तियों में रक्तचाप कम होता है, हृदय रोग का जोखिम कम होता है और प्रतिरक्षा प्रणाली मजबूत होती है। ऐसा इसलिए है क्योंकि सकारात्मक सोच नियमित व्यायाम, संतुलित आहार और पर्याप्त नींद जैसी स्वस्थ आदतों को बढ़ावा देती है। इसके अतिरिक्त, सकारात्मक विचार एंडोर्फिन छोड़ते हैं, जो प्राकृतिक दर्द निवारक और मूड बढ़ाने वाले होते हैं।

सकारात्मक मानसिकता बनाए रखने से हम अपने समग्र शारीरिक स्वास्थ्य और तंदुरुस्ती को बढ़ा सकते हैं।

सकारात्मक सोच हमारे रिश्तों में भी महत्वपूर्ण भूमिका निभाती है। जब हम दूसरों से सकारात्मकता और आशावाद के साथ संपर्क करते हैं, तो हम एक ऐसा माहौल बनाते हैं जो स्वस्थ और संतुष्टिदायक संबंधों के लिए अनुकूल होता है। सकारात्मक व्यक्ति समान विचारधारा वाले लोगों को आकर्षित करने और मजबूत, सहायक संबंध बनाने की अधिक संभावना रखते हैं। इसके अतिरिक्त, सकारात्मक सोच हमें क्षमा करने और शिकायतों को दूर करने में सक्षम बनाती है, जिससे दूसरों के साथ हमारी बातचीत में क्षमा और समझ को बढ़ावा मिलता है। सकारात्मक सोच का अभ्यास करके, हम सामंजस्यपूर्ण संबंध विकसित कर सकते हैं और अपने आस-पास के लोगों पर सकारात्मक प्रभाव डाल सकते हैं।

व्यक्तिगत लाभों के अतिरिक्त, सकारात्मक सोच हमारे पेशेवर जीवन पर भी महत्वपूर्ण प्रभाव डाल सकती है। सकारात्मक मानसिकता हमारी रचनात्मकता, समस्या-समाधान क्षमताओं और समग्र उत्पादकता को बढ़ाती है। काम पर चुनौतियों का सामना करते समय, जो व्यक्ति सकारात्मक दृष्टिकोण के साथ उनका सामना करते और उत्थानशील मीडिया, हमें सकारात्मक मानसिकता बनाए रखने में भी सहायता कर सकता है। इसके अतिरिक्त, ऐसी गतिविधियों में संलग्न होना जो हमें खुशी और संतुष्टि प्रदान करती हैं, जैसे कि शौक या स्वयंसेवा, जीवन के प्रति सकारात्मक दृष्टिकोण में योगदान दे सकती हैं।

अंत में, सकारात्मक सोच एक शक्तिशाली शक्ति है जो हमारे जीवन को कई तरह से बदल सकती है। इसमें हमारे मानसिक और शारीरिक स्वास्थ्य को बेहतर बनाने, हमारे रिश्तों को बेहतर बनाने और हमारी व्यावसायिक सफलता को बढ़ावा देने की क्षमता है। जीवन के सकारात्मक

पहलुओं पर ध्यान केंद्रित करने का सचेत रूप से चयन करके, हम एक ऐसी मानसिकता विकसित कर सकते हैं जो हमें चुनौतियों से पार पाने, खुशी पाने और एक संपूर्ण जीवन जीने की शक्ति प्रदान करती है। तो, आइए हम सकारात्मक सोच की शक्ति को अपनाएँ और अपनी वास्तविक क्षमता को अनलॉक करें।

सकारात्मक सोच की महत्वता' को समझाने के लिए निम्नलिखित उदाहरण दिए जा सकते हैं:

स्वपन और उद्दीपन: एक व्यक्ति का सकारात्मक सोचने का पहला कदम होता है उसके स्वप्न और उद्दीपन को पहचानना। जब हम अपने आत्म-संवेदना में सकारात्मक रूप से सोचते हैं, तो हम अपने सपनों और उद्दीपन को वास्तविकता में परिणत करने की प्रेरणा प्राप्त करते हैं। उदाहरण के लिए, एक छात्र जो आकांक्षित है कि वह डॉक्टर बने, उसे सकारात्मक सोच के माध्यम से अपने सपने को पूरा करने के लिए आवश्यक कदम उठाने की प्रेरणा मिलेगी।

संकल्पित लक्ष्य का ध्यान: सकारात्मक सोच का महत्व उस समय दिखाई देता है जब व्यक्ति अपने संकल्पित लक्ष्य का ध्यान रखता है। एक व्यक्ति जो सकारात्मक रूप से सोचता है, उसे लगातार अपने लक्ष्य की ओर प्रेरित करने की क्षमता होती है। उदाहरण के रूप में, यदि एक उद्यमी का संकल्पित लक्ष्य है उसकी कंपनी को सफल बनाना, तो उसे सकारात्मक सोच की सहायता से अपनी कामयाबी की दिशा में काम करने के लिए प्रेरित किया जा सकता है।

नकारात्मकता से मुक्ति: सकारात्मक सोच की महत्वता यहाँ पर भी नजर आती है कि यह व्यक्ति को नकारात्मकता से मुक्ति प्राप्त करने में सहायक होती है। नकारात्मकता यहाँ आती है जब हम अपने स्वप्नों या लक्ष्यों के संदर्भ में असफलता का दुख अनुभव करते हैं। सकारात्मक सोच व्यक्ति

को उस अवस्था से बाहर निकालकर, उसे पुनः प्रेरित करती है और उसे विफलता का अनुभव करने के बाद भी आगे बढ़ने के लिए प्रेरित करती है।

समस्याओं को अवसर में बदलना: सकारात्मक सोच की महत्वता यहाँ पर यह भी देखी जा सकती है कि यह व्यक्ति को समस्याओं को अवसर में बदलने की क्षमता प्रदान करती है। जब हम सकारात्मक सोचते हैं, तो हम समस्याओं को एक अवसर के रूप में देखते हैं जो हमें सीखने और विकसित होने का मौका देता है। इस प्रकार, व्यक्ति अपनी समस्याओं को अवसर में बदलना: सकारात्मक सोच की महत्वता यहाँ पर यह भी देखी जा सकती है कि यह व्यक्ति को समस्याओं को अवसर में बदलने की क्षमता प्रदान करती है। जब हम सकारात्मक सोचते हैं, तो हम समस्याओं को एक अवसर के रूप में देखते हैं जो हमें सीखने और विकसित होने का मौका देता है। इस प्रकार, व्यक्ति अपनी कार्यवाही में सकारात्मकता लाते हुए, समस्याओं को उनके समाधान में अवसर देखता है। उदाहरण के रूप में, एक उद्यमी जो अपनी कंपनी की बिक्री में कमी देख रहा है, सकारात्मक सोच के माध्यम से इस समस्या को एक अवसर के रूप में देख सकता है। वह इस अवसर का उपयोग करके अपने उत्पादों या सेवाओं में सुधार कर सकता है, जिससे उसकी कंपनी की प्रतिस्पर्धा बढ़े और वह अधिक उत्तेजित होकर लक्ष्य की ओर बढ़ सके।

यहाँ तक कि एक असफलता भरी प्रतियाशा के समय, सकारात्मक सोच की शक्ति हमें निराशावादी नहीं बनने देती है, बल्कि हमें उस अनुभव से सीखने और आगे बढ़ने की प्रेरणा प्रदान करती है। इस तरह, सकारात्मक सोच हमें अपने लक्ष्यों की दिशा में एक सकारात्मक और उत्साही मार्ग दिखाती है।

स्वयं के लिए जिम्मेदारी उठाएं

आज की तेज-तर्रार और आपस में जुड़ी दुनिया में, अराजकता में फंसना और अपनी जिम्मेदारियों को भूल जाना आसान है। हम अक्सर अपनी असफलताओं और कमियों के लिए दूसरों या बाहरी परिस्थितियों को दोषी ठहराते हैं। हालाँकि, यह समझना महत्वपूर्ण है कि सच्ची वृद्धि और सफलता तभी प्राप्त की जा सकती है जब हम स्वयं की जिम्मेदारी लें।

जिम्मेदारी लेने का मतलब है यह स्वीकार करना कि हम अपने जीवन और अपने द्वारा किए गए विकल्पों पर नियंत्रण रखते हैं। यह पहचानने के बारे में है कि हमारे कार्यों के परिणाम होते हैं और हमारे पास अपने भाग्य को आकार देने की शक्ति है। जब हम जिम्मेदारी लेते हैं, तो हम प्रतिक्रियाशील होने के बजाय सक्रिय हो जाते हैं और हम जीवन में आने वाली चुनौतियों से निपटने के लिए बेहतर ढंग से सुसज्जित होते हैं।

जिम्मेदारी लेने के प्रमुख लाभों में से एक व्यक्तिगत विकास है। जब हम स्वीकार करते हैं कि हम अपने कार्यों के लिए जिम्मेदार हैं, तो हम स्वयं को सीखने और आत्म-सुधार के लिए खोलते हैं। हम अधिक आत्म-जागरूक हो जाते हैं और उन क्षेत्रों की पहचान करने में सक्षम होते हैं जहाँ हमें बदलाव करने या नए कौशल विकसित करने की आवश्यकता होती है। यह आत्म-प्रतिबिंब हमें व्यक्तियों के रूप में विकसित होने और स्वयं का सर्वश्रेष्ठ संस्करण बनने की अनुमति देता है।

ज़िम्मेदारी लेने का एक और फ़ायदा है आत्मविश्वास में वृद्धि। जब हम अपने कार्यों की ज़िम्मेदारी लेते हैं, तो हम अपने जीवन पर सशक्तिकरण और नियंत्रण की भावना विकसित करते हैं। हम अब परिस्थितियों के शिकार नहीं बल्कि अपने भाग्य के निर्माता की तरह महसूस करते हैं। यह नया

आत्मविश्वास हमें जोखिम उठाने, अपने लक्ष्यों का पीछा करने और लचीलेपन और दृढ़ संकल्प के साथ बाधाओं को दूर करने में सक्षम बनाता है।

इसके अतिरिक्त, ज़िम्मेदारी लेने से दूसरों के साथ बेहतर रिश्ते बनते हैं। जब हम अपने कार्यों के लिए स्वयं को जवाबदेह ठहराते हैं, तो हम अधिक विश्वसनीय और भरोसेमंद बन जाते हैं। हमें ऐसे व्यक्तियों के रूप में देखा जाता है जिन पर भरोसा किया जा सकता है और जो अपनी प्रतिबद्धताओं को गंभीरता से लेते हैं। यह न केवल हमारे व्यक्तिगत संबंधों को मजबूत करता है बल्कि हमारी पेशेवर प्रतिष्ठा को भी बढ़ाता है। लोग उन लोगों का सम्मान और प्रशंसा करने की अधिक संभावना रखते हैं जो अपने कार्यों की ज़िम्मेदारी लेते हैं।

हालाँकि, ज़िम्मेदारी लेना हमेशा आसान नहीं होता। इसके लिए ईमानदारी, विनम्रता और अपनी गलतियों और कमियों का सामना करने की इच्छा की आवश्यकता होती है। इसका मतलब है दूसरों को दोष देने की ज़रूरत को छोड़ देना और यह स्वीकार करना कि हम परिपूर्ण नहीं हैं। इसके लिए हमें सक्रिय होना चाहिए और चीज़ों के होने का इंतज़ार करने के बजाय कार्रवाई करनी चाहिए।

स्वयं की ज़िम्मेदारी लेना शुरू करने के लिए, अपने जीवन की जाँच करके और उन क्षेत्रों की पहचान करके शुरू करें जहाँ आप ज़िम्मेदारी से बच रहे हैं। अपने कार्यों और उनके द्वारा आपके और दूसरों के जीवन पर पड़ने वाले प्रभाव पर विचार करें। अपनी गलतियों की ज़िम्मेदारी लें और उन्हें सुधारने या उनसे सीखने के लिए प्रतिबद्ध हों। अपने लिए लक्ष्य निर्धारित करें और उन्हें प्राप्त करने के लिए आवश्यक कदम उठाएँ। अपने आप को ऐसे सहायक और समान विचारधारा वाले व्यक्तियों से घेरें जो आपको प्रोत्साहित करेंगे और जवाबदेह ठहराएँगे।

अपने लिए जिम्मेदारी लेना व्यक्तिगत विकास और सफलता की दिशा में एक महत्वपूर्ण कदम है। यह हमें सक्रिय, आत्मविश्वासी और विश्वसनीय व्यक्ति बनने की अनुमति देता है जो जीवन की चुनौतियों का लचीलेपन के साथ सामना कर सकते हैं। अपने जीवन पर अपनी शक्ति और नियंत्रण को स्वीकार करके, हम अपने भाग्य को आकार दे सकते हैं और एक पूर्ण और सार्थक अस्तित्व बना सकते हैं। तो, आइए हम सभी अपने जीवन की बागडोर संभालें और इसके साथ आने वाली जिम्मेदारी को स्वीकार करें।

संघर्षों को पार करने के लिए रणनीति बनाएं

जीवन उतार-चढ़ाव, सफलताओं और असफलताओं से भरा एक सफर हैऔर ऐसी चुनौतियाँ हैं जो हमारे लचीलेपन की परीक्षा लेती हैं। चाहे वह व्यक्तिगत हो या पेशेवर, हम सभी को संघर्षों का सामना करना पड़ता है, जिनसे निपटने के लिए हमें प्रभावी रणनीति विकसित करने की आवश्यकता होती है। इन रणनीतियों को अक्सर युद्ध योजना के रूप में संदर्भित किया जाता है, जो हमें जीवन के तूफानी पानी से गुजरने और दूसरी तरफ विजयी होने में सहायता करने के लिए आवश्यक उपकरण हैं। इस लेख में, हम चुनौतियों से निपटने के लिए रणनीति विकसित करने के महत्व का पता लगाएंगे और प्रभावी योजना बनाने के तरीके पर कुछ व्यावहारिक सुझाव देंगे।

सबसे पहले और सबसे महत्वपूर्ण बात यह समझना है कि चुनौतियाँ जीवन का एक अनिवार्य हिस्सा हैं। वे विभिन्न रूपों में आती हैं, जैसे कि वित्तीय कठिनाइयाँ, रिश्ते की समस्याएँ, स्वास्थ्य संबंधी समस्याएँ या पेशेवर असफलताएँ। हालाँकि, इन चुनौतियों के प्रति हमारी प्रतिक्रिया ही हमारी सफलता या विफलता को निर्धारित करती है। एक सुविचारित रणनीति विकसित करके, हम इन बाधाओं को स्पष्ट दिमाग और एक केंद्रित दृष्टिकोण के साथ देख सकते हैं।

रणनीति बनाने में पहला कदम चुनौती की पहचान करना है। इसके लिए समस्या और उसके अंतर्निहित कारणों की गहरी समझ की आवश्यकता होती है। चुनौती में योगदान देने वाले सभी संभावित कारकों पर विचार करते हुए, स्थिति का निष्पक्ष विश्लेषण करने के लिए समय निकालें।

इससे आपको स्पष्टता प्राप्त करने में सहायता मिलेगी और आप एक प्रभावी कार्य योजना तैयार कर सकेंगे।

एक बार जब आप चुनौती की पहचान कर लेते हैं, तो स्पष्ट और प्राप्त करने योग्य लक्ष्य निर्धारित करना आवश्यक है। ये लक्ष्य विशिष्ट, मापने योग्य, प्राप्त करने योग्य, प्रासंगिक और समयबद्ध (स्मार्ट) होने चाहिए। स्मार्ट लक्ष्य निर्धारित करके, आप एक रोडमैप बनाते हैं जो आपके कार्यों का मार्गदर्शन करता है और आपको पूरी प्रक्रिया में प्रेरित रखता है। अपने लक्ष्यों को छोटे, प्रबंधनीय कार्यों में विभाजित करें ताकि उन्हें अधिक प्राप्त करने योग्य और कम भारी बनाया जा सके।

इसके बाद, अपनी रणनीति का समर्थन करने के लिए आवश्यक संसाधन और जानकारी एकत्र करना महत्वपूर्ण है। इसमें शोध करना, विशेषज्ञों से सलाह लेना या नए कौशल हासिल करना शामिल हो सकता है। याद रखें, ज्ञान शक्ति हैऔर आप जितने अधिक सूचित होंगे, आप चुनौती का सामना करने के लिए उतने ही बेहतर ढंग से सुसज्जित होंगे।

जानकारी एकत्र करने के अतिरिक्त, सहायता नेटवर्क बनाना भी उतना ही महत्वपूर्ण है। अपने आप को ऐसे व्यक्तियों से घेरें जो आपकी क्षमताओं में विश्वास करते हैं और ज़रूरत पड़ने पर मार्गदर्शन और प्रोत्साहन प्रदान कर सकते हैं। समान विचारधारा वाले व्यक्तियों के साथ सहयोग करना, जिन्होंने समान चुनौतियों का सामना किया है, मूल्यवान अंतर्दृष्टि और रणनीति प्रदान कर सकता है।

एक बार जब आप अपनी रणनीति विकसित कर लेते हैं, तो उसे क्रियान्वित करने का समय आ जाता है। अपने लक्ष्यों की ओर लगातार और केंद्रित कदम उठाएँ, आवश्यकतानुसार अपने दृष्टिकोण को अनुकूलित और समायोजित करें। याद रखें कि असफलताएँ और बाधाएँ प्रक्रिया का एक स्वाभाविक हिस्सा हैं। उन्हें विकास और सीखने के अवसरों के रूप में

अपनाएँ, बजाय इसके कि वे आपको हतोत्साहित करें।

अंत में, अपनी जीत का जश्न मनाएँ, चाहे वे कितनी भी छोटी क्यों न हों। आपने जो प्रगति की है उसे पहचानें और उसकी सराहना करें, क्योंकि इससे आपको आगे बढ़ने की प्रेरणा मिलेगी।

अंत में, चुनौतियों से पार पाने के लिए रणनीति विकसित करना व्यक्तिगत और व्यावसायिक विकास के लिए आवश्यक है। चुनौती की पहचान करके, स्मार्ट लक्ष्य निर्धारित करके, संसाधन जुटाकर, सहायता नेटवर्क बनाकर और लगातार कार्रवाई करके, आप सबसे कठिन समय से गुजर सकते हैं और पहले से कहीं अधिक मजबूत बनकर उभर सकते हैं। याद रखें, यह हमारे सामने आने वाली चुनौतियाँ नहीं हैं जो हमें परिभाषित करती हैं, बल्कि यह है कि हम उनका जवाब कैसे देते हैं। इसलिए, संघर्ष को अपनाएँ, अपनी रणनीति विकसित करें और आत्मविश्वास के साथ अपनी बाधाओं पर विजय प्राप्त करें।

एक समय की बात है, एक गांव में एक युवक रहता था जिसका नाम रामु था। रामु उत्कृष्ट एकादश में अपनी टीम के कप्तान के रूप में चुना गया था। टूर्नामेंट के दौरान, उसकी टीम को अनेक मुश्किल संघर्षों का सामना करनी पड़ा।

एक दिन, रामु ने अपने सभी टीम सदस्यों को एकत्रित किया और कहा, 'हमें इस टूर्नामेंट में सबसे मज़बूत टीम के खिलाड़ियों के साथ मुकाबला करना होगा। हमें एक रणनीति बनानी चाहिए जो हमें संघर्षों से पार करने में सहायता करेगी।'

टीम के सदस्यों ने सोचने और विचार करने के बाद, एकमत से यह निर्णय लिया कि रणनीति बनाने के लिए वे गांव के पुराने और अनुभवी खिलाड़ी से सलाह लेंगे। वे उनके पास गए और उनसे अपनी समस्याओं के बारे में बात की।

विशेषज्ञ खिलाड़ी ने उनसे कहा, 'जब आप संघर्षों का सामना कर रहे हो तो एक शक्तिशाली और एकजुट टीम होना आवश्यक है। आपको पहले अपने सदस्यों के साथ एक मज़बूत बंधन बनाना होगा। इसके लिए, आपको उनकी स्थिति को समझना और उनके दिलों में समझौता करना होगा।'

रामु और उसकी टीम ने विशेषज्ञ की सलाह को मान्यता दी और उन्होंने एक बैठक बुलाई। वे एक-दूसरे की सुनी, अपनी बातें साझा की और आपस में समझौता किया। वे एक टीम के रूप में एकजुट हुएऔर रणनीति तैयार की। रणनीति में शामिल था कि हर खिलाड़ी अपनी क्षमताओं के अनुसार अपनी भूमिका में मजबूत होगा। सभी को मंत्र दिया गया कि वे एक-दूसरे की सहायता करेंगे और एक दूसरे को प्रोत्साहित करेंगे।

टूर्नामेंट चलते हुए, रामु की टीम को कठिनाइयों का सामना करना पड़ा। वे अपनी रणनीति के अनुसार आराम से काम करते रहे और एकदूसरे की सहायता करते रहे। जब उन्हें अचानक एक मुश्किल स्थिति का सामना करना पड़ा, वे एकजुट रहकर उसे पार करने के लिए एक नयी रणनीति तैयार करने लगे।

धीरे-धीरे, रामु की टीम ने उन सभी संघर्षों का सामना किया और उन्हें पार कर लिया जो उनके सामने आए। उनकी एकजुटता, सहयोग और रणनीति ने उन्हें असाधारण प्रदर्शन करने में सहायता की। आखिरकार, रामु की टीम टूर्नामेंट जीत गई और उन्हें विजेताओं के रूप में घोषित किया गया। यह सब उनकी मजबूत रणनीति, एकजुटता और सहयोग के कारण हुआ।

अपने सपनों को अपने जीवन में शामिल करें

सपने हमारे जीवन का अभिन्न अंग हैं। वे ईंधन हैं जो हमारे जुनून को प्रज्वलित करते हैं और हमें महानता के लिए प्रयास करने के लिए प्रेरित करते हैं। सपने हमें उद्देश्य और दिशा की भावना देते हैंऔर उनमें हमारे जीवन को उन तरीकों से बदलने की शक्ति होती है, जिनके बारे में हमने कभी सोचा भी नहीं था। हालाँकि, कई लोग अक्सर अपने सपनों को केवल कल्पनाएँ या अप्राप्य लक्ष्य मानकर खारिज कर देते हैं। वे यह महसूस करने में विफल रहते हैं कि सपने कल्पना के दायरे तक सीमित नहीं होते हैं; उन्हें हमारे रोजमर्रा के जीवन में आगे बढ़ाया और साकार किया जाना चाहिए।

तो, हम अपने सपनों को अपने जीवन में कैसे शामिल कर सकते हैं? पहला कदम अपने सपनों को पहचानना और स्वीकार करना है। इस बात पर चिंतन करने के लिए कुछ समय निकालें कि वास्तव में आपको क्या प्रेरित और उत्साहित करता है। ऐसी कौन सी चीजें हैं जो आप हमेशा से करना या हासिल करना चाहते थे? यह अपना स्वयं का व्यवसाय शुरू करना, दुनिया की यात्रा करना, किताब लिखना या कोई नया कौशल सीखना हो सकता है। चाहे जो भी हो, अपने सपनों को पहचानना और उन्हें अपनाना महत्वपूर्ण है।

एक बार जब आप अपने सपनों की पहचान कर लेते हैं, तो अगला कदम लक्ष्य निर्धारित करना होता है। बिना लक्ष्य के सपने केवल इच्छाएँ हैं। लक्ष्य हमें अनुसरण करने के लिए एक रोडमैप देते हैं और हमें केंद्रित और प्रेरित रहने में सहायता करते हैं। अपने सपनों को छोटे, प्राप्त करने योग्य लक्ष्यों में विभाजित करें। उदाहरण के लिए, यदि आपका सपना अपना स्वयं का व्यवसाय शुरू करना है, तो आपके लक्ष्यों में बाजार अनुसंधान करना,

व्यवसाय योजना बनाना और धन जुटाना शामिल हो सकता है। विशिष्ट और मापने योग्य लक्ष्य निर्धारित करके, आप अपनी प्रगति को ट्रैक कर सकते हैं और अपने सपनों को साकार करने की दिशा में आगे बढ़ सकते हैं।

अपने सपनों को अपने जीवन में शामिल करने का एक और महत्वपूर्ण पहलू कार्रवाई करना है। सपने अपने आप जादुई रूप से सच नहीं होने वाले हैं; आपको उन्हें वास्तविकता में बदलने के लिए आवश्यक कदम उठाने होंगे। इसमें अपने कम्फर्ट जोन से बाहर निकलना, जोखिम उठाना और कड़ी मेहनत करना शामिल हो सकता है। यह याद रखना महत्वपूर्ण है कि सफलता शायद ही कभी रातोंरात मिलती है। इसके लिए समर्पण, दृढ़ता और रास्ते में आने वाली बाधाओं को दूर करने की इच्छा की आवश्यकता होती है।

कार्रवाई करने के अतिरिक्त, अपने आप को एक सहायक नेटवर्क से घेरना आवश्यक है। अपने सपनों को अपने प्रियजनों के साथ साझा करें और उनका प्रोत्साहन और मार्गदर्शन लें। अपने आप को समान विचारधारा वाले व्यक्तियों से घेरें जो समान आकांक्षाएँ साझा करते हैं। अपने सपनों के अनुरूप समूहों या समुदायों में शामिल होने से आपको मूल्यवान अंतर्दृष्टि, संसाधन और अवसर मिल सकते हैं। याद रखें, आप उन पाँच लोगों का औसत हैं जिनके साथ आप सबसे अधिक समय बिताते हैं, इसलिए अपने सर्कल को बुद्धिमानी से चुनें।

अंत में, अपने आप पर और अपने सपनों पर विश्वास करना महत्वपूर्ण है। आत्म-संदेह और भय अक्सर हमें अपने सपनों का पीछा करने से रोक सकते हैं। अपनी क्षमताओं पर भरोसा करें और अपनी दृष्टि में विश्वास रखें। अपने सपनों को प्राप्त करने की कल्पना करें और विश्वास करें कि यह संभव है। अपने आप को सकारात्मक पुष्टि से घेरें और स्वस्थ मानसिकता बनाए रखने के लिए आत्म-देखभाल का अभ्यास करें।

अंत में, सपने दूर की कल्पनाएँ नहीं हैं; उन्हें हमारे रोज़मर्रा के जीवन में गले लगाने और उनका पीछा करने के लिए बनाया गया है। अपने सपनों को पहचानकर, लक्ष्य निर्धारित करके, कार्रवाई करके, एक सहायक नेटवर्क बनाकर और स्वयं पर विश्वास करके, हम अपने सपनों को अपने जीवन में शामिल कर सकते हैं और उन्हें वास्तविकता में बदल सकते हैं। इसलिए, अपने सपनों को अपनी कल्पना तक सीमित न रहने दें; उन्हें एक पूर्ण और सार्थक जीवन की ओर अपनी यात्रा का हिस्सा बनाने के लिए आवश्यक कदम उठाएँ।

अपनी क्षमताओं को विकसित करें

मनुष्य का जीवन अनगिनत संघर्षों और चुनौतियों से भरा होता है। हर कोई अपने जीवन में सफलता प्राप्त करना चाहता है, लेकिन कई बार हम अपनी क्षमताओं को नहीं पहचान पाते हैं और इसलिए हमारी सफलता रुक जाती है। इसलिए, हमें अपनी क्षमताओं को पहचानने और उन्हें विकसित करने की आवश्यकता होती है।

'पहले अपनी क्षमताओं को पहचानने के लिए हमें अपने अंदर की ताकतों और क्षमताओं को समझना होगा। हमें अपने स्वभाव, रुचियांऔर रुचियों के बारे में सोचना चाहिए। क्या हमें किसी विशेष क्षेत्र में अद्वितीय योग्यता है? क्या हमें किसी कार्य में अद्वितीय रुचि है? इन सवालों के जवाब से हम अपनी क्षमताओं को पहचान सकते हैं।

दूसरे, हमें अपनी क्षमताओं को विकसित करने के लिए उचित कदम उठाने होंगे। हमें अपनी क्षमताओं को विकसित करने के लिए नई चुनौतियों का सामना करना चाहिए। हमें नए कौशल और ज्ञान का अध्ययन करना चाहिए और नए क्षेत्रों में अपनी क्षमताओं का उपयोग करना चाहिए। इसके लिए, हमें नए अनुभवों को खोजने के लिए स्वयं को खोलना चाहिए और नए चुनौतियों का सामना करना चाहिए।

अपनी क्षमताओं को विकसित करने के लिए हमें निरंतर अभ्यास करना चाहिए। अभ्यास हमें अपनी क्षमताओं को सुधारने में सहायता करता है और हमें अधिक माहिर बनाता है। हमें नियमित रूप से अपनी क्षमताओं का अभ्यास करना चाहिए और नए कौशलों का अध्ययन करना चाहिए। इसके अतिरिक्त, हमें अपने दिमाग को सक्रिय रखने के लिए नए चुनौतियों का सामना करना चाहिए।

अपनी क्षमताओं को विकसित करने के लिए हमें स्वयं को स्वीकार करना चाहिए। हमें अपने दुर्बलताओं और कमजोरियों को स्वीकार करना चाहिए और उन्हें सुधारने के लिए काम करना चाहिए। हमें अपने अंदर की नकारात्मक सोच को दूर करना चाहिए और सकारात्मक सोच को विकसित करना चाहिए। इसके लिए, हमें अपने अंदर की नकारात्मकता को पहचानना चाहिए और उसे बदलने के लिए काम करना चाहिए।

अपनी क्षमताओं को पहचानने और उन्हें विकसित करने की क्षमता हर किसी के पास होती है, लेकिन हमें इसे सक्षम बनाने की आवश्यकता होती है। हमें अपनी क्षमताओं को पहचानने के लिए अपने अंदर की ताकतों और क्षमताओं को समझना चाहिए और उन्हें विकसित करने के लिए उचित कदम उठाने चाहिए। इसके अतिरिक्त, हमें निरंतर अभ्यास करना चाहिए और स्वयं को स्वीकार करना चाहिए। इस प्रकार, हम अपनी क्षमताओं को पहचानेंगे और उन्हें विकसित करेंगे और अपने जीवन में सफलता प्राप्त करेंगे।

अपने दुश्मनों को अपने साथवार बनाएं

अपने दुश्मनों को अपने साथवार बनाएं: दुश्मनों को अपने साथवार बनाना एक अद्वितीय और चुनौतीपूर्ण कार्य हो सकता है, लेकिन यह एक संभव विकल्प भी है जो हमें अपने जीवन में बदलाव ला सकता है। यह विचार आपको आपके दुश्मनों के साथ सहयोग करने की आवश्यकता को समझने के लिए आपको प्रेरित कर सकता है। इस लेख में, हम देखेंगे कि दुश्मनों को साथवार बनाने के कुछ महत्वपूर्ण तरीके क्या हैं और इसके क्या लाभ हो सकते हैं।

1. समझें कि दुश्मन कौन होता है: पहले और सबसे महत्वपूर्ण चरण है यह समझना कि दुश्मन कौन होता है। दुश्मन व्यक्ति हो सकता है जो आपके साथ विरोध करता है, आपके लिए खतरा पैदा करता है या आपके साथ असंतुष्ट है। इसके अतिरिक्त, दुश्मन एक स्थिति, एक समूह या एक व्यवस्था भी हो सकता है जो आपके लिए अवरोध बनती है। दुश्मन को समझने के लिए उनके मोटिवेशन, उनके दृष्टिकोण और उनके लक्ष्यों को समझना महत्वपूर्ण है।

2. संवाद का माध्यम चुनें: एक बातचीत का माध्यम चुननादुश्मनों को साथवार बनाने का एक महत्वपूर्ण कदम है। यह आपको उनके साथ संपर्क में रहने और उनके साथ बातचीत करने की सुविधा प्रदान करेगा। आप ईमानदारी से अपने विचारों और विचारों को साझा कर सकते हैं और उनके विचारों को समझ सकते हैं। इसके अतिरिक्त, एक बातचीत का माध्यम चुनना आपको उनके साथ समझौता करने और समस्याओं का समाधान करने की संभावना प्रदान करता है।

3. सहयोग की संभावनाओं को खोजें: दुश्मनों को साथवार बनाने का एक और महत्वपूर्ण तरीका है सहयोग की संभावनाओं को खोजना। यह आपको उनके साथ मिलकर किसी भी सामरिक, आर्थिक या सामाजिक समस्या का समाधान करने की संभावना प्रदान करता है। आप एक साझा लक्ष्य के आधार पर सहयोग कर सकते हैं और एक दूसरे की कमजोरियों को पूरा करने में सहायता कर सकते हैं।

4. समझौता करें: दुश्मनों को साथवार बनाने का एक और महत्वपूर्ण तरीका है समझौता करना। यह आपको उनके साथ समझौता करने और उनके साथ एक समझौता तैयार करने की संभावना प्रदान करता है। आप दोनों तरफ की मांगों और आवश्यकताओं को समझ सकते हैं और उन्हें पूरा करने के लिए समझौता कर सकते हैं। समझौता करने के लिए आपको उचित समय, स्थान और माध्यम का चयन करना होगा।

5. समय और संयम रखें: दुश्मनों को साथवार बनाने का एक अन्य महत्वपूर्ण तत्व है समय और संयम रखना। यह आपको उनके साथ संबंध बनाए रखने और उनके साथ सहयोग करने की संभावना प्रदान करता है। आपको धैर्य और संयम रखने की आवश्यकता होगी, क्योंकि दुश्मनों को साथवार बनाना समय लग सकता है और यह आपके धैर्य की आवश्यकता होगी।

दुश्मनों को साथवार बनाने के क्या लाभ हो सकते हैं इसके प्रति इस प्रकार से सोचा जा सकता है कि इसके सामरिक और आर्थिक लाभ क्या हो सकते हैं। दुश्मनों को साथवार बनाने से आप उनके साथ सहयोग करके सामरिक और आर्थिक लाभ प्राप्त कर सकते हैं। आप उनके साथ मिलकर एक साझा लक्ष्य के आधार पर काम कर सकते हैं और अपने व्यापार या कार्यक्रम को बढ़ा सकते हैं।

सामाजिक और मानसिक लाभ दुश्मनों को साथवार बनाने से आप सामाजिक और मानसिक लाभ प्राप्त कर सकते हैं। आप उनके साथ सहयोग करके एक समरसता और सौहार्द वातावरण बना सकते हैं और अपने जीवन में खुशहाली और संतुष्टि प्राप्त कर सकते हैं।

व्यक्तिगत विकास दुश्मनों को साथवार बनाने से आप अपने व्यक्तिगत विकास को बढ़ा सकते हैं। आप उनके साथ सहयोग करके नए कौशल और ज्ञान का अध्ययन कर सकते हैं और अपने अनुभवों से सीख सकते हैं।

इस प्रकार, दुश्मनों को साथवार बनाना एक चुनौतीपूर्ण कार्य हो सकता है, लेकिन इसके लाभ भी हो सकते हैं। यह हमें एक समरसता और सौहार्द वातावरण प्रदान कर सकता है और हमारे जीवन को बेहतर बना सकता है।

परिवार और रिश्तों का महत्व

लक्ष्य प्राप्त करना जीवन का एक अनिवार्य हिस्सा है। चाहे वह व्यक्तिगत हो, पेशेवर हो या शैक्षणिक, लक्ष्य निर्धारित करना और उन तक पहुँचना उपलब्धि और संतुष्टि की भावना ला सकता है। हालाँकि, इन लक्ष्यों को प्राप्त करने की यात्रा चुनौतीपूर्ण हो सकती है और अक्सर हमारे आस-पास के लोगों, विशेष रूप से हमारे परिवार और रिश्तों से समर्थन की आवश्यकता होती है।

परिवार और रिश्ते हमारे लक्ष्यों को प्राप्त करने में हमारी मदद करने में महत्वपूर्ण भूमिका निभाते हैं। वे हमें भावनात्मक समर्थन, प्रोत्साहन और कठिन समय में आगे बढ़ने की प्रेरणा प्रदान करते हैं। इस लेख में, हम लक्ष्य प्राप्त करने में परिवार और रिश्तों के महत्व का पता लगाएँगे और यह जानेंगे कि वे हमारी पूरी क्षमता तक पहुँचने में हमारी कैसे मदद कर सकते हैं।

परिवार और रिश्ते हमें अपने लक्ष्यों को प्राप्त करने में मदद करने के प्रमुख तरीकों में से एक है एक मजबूत समर्थन प्रणाली प्रदान करना। जब हमारे पास एक सहायक परिवार और रिश्तों का नेटवर्क होता है, तो हम अपने लक्ष्यों पर प्रेरित और केंद्रित रहने की अधिक संभावना रखते हैं। वे हमें ट्रैक पर रखने के लिए प्रोत्साहन, सलाह और यहाँ तक कि व्यावहारिक मदद भी दे सकते हैं।

उदाहरण के लिए, यदि आप एक नया व्यवसाय शुरू करने की कोशिश कर रहे हैं, तो आपका परिवार और रिश्ते आपको विश्वास की उस छलांग को लेने के लिए आवश्यक भावनात्मक समर्थन प्रदान कर सकते हैं। वे आपको विचारों पर विचार करने में मदद कर सकते हैं, आपको संभावित ग्राहकों या निवेशकों से जोड़ सकते हैंऔर जब चीजें योजना के अनुसार नहीं

होती हैं, तो आपकी बात सुन सकते हैं। एक मजबूत सपोर्ट सिस्टम होने से आपके लक्ष्यों को प्राप्त करने में बहुत फर्क पड़ सकता है।

इसके अतिरिक्त, परिवार और रिश्ते भी हमें जवाबदेह बने रहने में मदद कर सकते हैं। जब हम अपने लक्ष्यों को अपने प्रियजनों के साथ साझा करते हैं, तो हम उन पर अमल करने की अधिक संभावना रखते हैं। वे हमारी प्रगति की जाँच कर सकते हैं, प्रतिक्रिया दे सकते हैंऔर हमारे कार्यों के लिए हमें जवाबदेह ठहरा सकते हैं। यह जवाबदेही हमें बाधाओं या असफलताओं का सामना करने पर भी केंद्रित और प्रेरित रहने में मदद कर सकती है।

इसके अतिरिक्त, परिवार और रिश्ते हमें मूल्यवान संसाधन और कनेक्शन प्रदान कर सकते हैं जो हमें अपने लक्ष्यों को प्राप्त करने में मदद कर सकते हैं। चाहे वह कोई परिवार का सदस्य हो जो हमें किसी संभावित गुरु से मिलवा सकता है, कोई मित्र जो हमें नौकरी का अवसर दे सकता है, या कोई साथी जो वित्तीय सहायता प्रदान कर सकता है, हमारे रिश्ते ऐसे दरवाजे खोल सकते हैं और अवसर पैदा कर सकते हैं, जिन तक हमारी पहुँच अन्यथा नहीं हो सकती।

इसके अतिरिक्त, हमारा परिवार और रिश्ते प्रेरणा और प्रेरणा के स्रोत के रूप में भी काम कर सकते हैं। अपने प्रियजनों को अपने लक्ष्यों में सफल होते देखना हमें खुद को आगे बढ़ाने और महानता के लिए प्रयास करने के लिए प्रेरित कर सकता है। उनकी उपलब्धियाँ हमें याद दिलाती हैं कि कड़ी मेहनत, समर्पण और अपने आस-पास के लोगों के सहयोग से कुछ भी संभव है।

यह ध्यान रखना ज़रूरी है कि लक्ष्य हासिल करना सिर्फ़ व्यक्तिगत सफलता के बारे में नहीं है, बल्कि इस दौरान मज़बूत और सार्थक रिश्ते बनाने के बारे में भी है। अपने लक्ष्य-निर्धारण की प्रक्रिया में अपने परिवार और रिश्तों को शामिल करके, हम अपने बंधनों को मज़बूत कर सकते हैं,

साझा अनुभव बना सकते हैं और एक-दूसरे की सफलताओं का जश्न मना सकते हैं।

परिवार और रिश्ते हमारे लक्ष्यों को हासिल करने में हमारी मदद करने में अहम भूमिका निभाते हैं। वे हमें भावनात्मक समर्थन, प्रोत्साहन, जवाबदेही, संसाधन और प्रेरणा प्रदान करते हैं जो हमें सफलता की ओर ले जा सकते हैं। इन रिश्तों को पोषित करके और उन्हें अपने लक्ष्य-निर्धारण की प्रक्रिया में शामिल करके, हम एक मज़बूत स्पोर्ट सिस्टम बना सकते हैं जो हमें अपनी पूरी क्षमता तक पहुँचने और अपने सपनों को हासिल करने में मदद करेगा। तो, आइए अपने लक्ष्यों को हासिल करने की दिशा में अपने सफ़र में परिवार और रिश्तों के महत्व को समझें और उसकी सराहना करें।

संघर्षों के दौरान स्थिरता बनाए रखें

संघर्षों के दौरान स्थिरता बनाए रखना: शांति का मार्ग: संघर्ष मानव अस्तित्व का एक अपरिहार्य हिस्सा हैं। चाहे वे व्यक्तिगत, सामाजिक या अंतर्राष्ट्रीय स्तर पर हों, संघर्ष सद्भाव और स्थिरता को बाधित कर सकते हैं। हालाँकि, संघर्षों से इस तरह से निपटना संभव है कि स्थिरता बनी रहे और शांति का मार्ग प्रशस्त हो। यह लेख विभिन्न रणनीतियों और दृष्टिकोणों की खोज करता है जो व्यक्तियों, समुदायों और राष्ट्रों को संघर्षों के दौरान स्थिरता बनाए रखने में सहायता कर सकते हैं।

संघर्ष को समझना: संघर्षों के दौरान स्थिरता बनाए रखने की रणनीतियों में गहराई से जाने से पहले, संघर्षों की प्रकृति को समझना महत्वपूर्ण है। विचारों, हितों, मूल्यों या लक्ष्यों में अंतर के कारण संघर्ष उत्पन्न होते हैं। वे विभिन्न रूपों में प्रकट हो सकते हैं, जैसे पारस्परिक विवाद, सामाजिक अशांति या राष्ट्रों के बीच सशस्त्र संघर्ष। संघर्षों में अक्सर भावनाएँ, सत्ता संघर्ष और संचार में व्यवधान शामिल होते हैं।

स्थिरता के महत्व को पहचानना: स्थिरता वह नींव है जिस पर समाज और राष्ट्र पनपते हैं। यह सुरक्षा, पूर्वानुमान और व्यवस्था की भावना प्रदान करता है। संघर्षों के दौरान स्थिरता और भी महत्वपूर्ण हो जाती है क्योंकि यह आगे बढ़ने से रोकने में सहायता करती है और मतभेदों के समाधान की अनुमति देती है। जीवन की रक्षा, बुनियादी ढांचे को संरक्षित करने और बातचीत और वार्ता के लिए अनुकूल वातावरण को बढ़ावा देने के लिए संघर्षों के दौरान स्थिरता बनाए रखना आवश्यक है।

स्थिरता बनाए रखने के लिए निम्नलिखित की रणनीतियों को स्मरण किया जा सकता है, जैसे प्रभावी संचार। संघर्षों को हल करने और

स्थिरता बनाए रखने के लिए संचार महत्वपूर्ण है। संघर्षरत पक्षों के बीच संचार के खुले और ईमानदार चैनल स्थापित करना आवश्यक है। सक्रिय रूप से सुनना, सहानुभूति और अलग-अलग दृष्टिकोणों के लिए सम्मान समझ को बढ़ावा देने और आम सहमति खोजने में महत्वपूर्ण हैं। संवाद को प्रोत्साहित करना और शांतिपूर्ण प्रवचन को बढ़ावा देना तनाव को कम करने और संघर्षों को नियंत्रण से बाहर जाने से रोकने में सहायता कर सकता है।

1. मध्यस्थता और बातचीत: संघर्षों को हल करने और स्थिरता बनाए रखने में मध्यस्थता और बातचीत महत्वपूर्ण भूमिका निभाती है। एक तटस्थ तीसरा पक्ष संघर्षरत पक्षों के बीच चर्चा को सुविधाजनक बना सकता है, जिससे उन्हें पारस्परिक रूप से स्वीकार्य समाधान खोजने में सहायता मिलती है। मध्यस्थों और वार्ताकारों के पास उत्कृष्ट संचार कौशल, निष्पक्षता और संघर्ष की गतिशीलता की गहरी समझ होनी चाहिए। पक्षों को समझौते और आम सहमति की ओर ले जाकर, मध्यस्थता और बातचीत संघर्षों को बढ़ने से रोक सकती है और स्थिरता को बढ़ावा दे सकती है।

2. संघर्ष समाधान तंत्र: स्थिरता बनाए रखने के लिए प्रभावी संघर्ष समाधान तंत्र स्थापित करना महत्वपूर्ण है। इन तंत्रों में संघर्ष की प्रकृति के आधार पर कानूनी ढाँचे, मध्यस्थता पैनल या सत्य और सुलह आयोग शामिल हो सकते हैं। विवादों को हल करने के लिए एक संरचित और निष्पक्ष प्रक्रिया प्रदान करके, ये तंत्र निष्पक्षता, जवाबदेही और स्थिरता सुनिश्चित करते हैं।

3. विश्वास और सुलह का निर्माण: संघर्षों के दौरान अक्सर विश्वास कम हो जाता है, जिससे स्थिरता बनाए रखना चुनौतीपूर्ण हो जाता है। शांति और स्थिरता की दिशा में विश्वास का पुनर्निर्माण एक महत्वपूर्ण कदम है। इसे विभिन्न तरीकों से प्राप्त किया जा सकता है, जैसे कि सच बोलना, पिछली गलतियों को स्वीकार करना और सुलह को बढ़ाया देना।

संवाद को प्रोत्साहित करना, सहानुभूति को बढ़ावा देना और क्षमा को बढ़ावा देना घावों को भरने और विश्वास को फिर से बनाने में सहायता कर सकता है, जिससे स्थिरता की नींव बनती है।

4. मूल कारणों को संबोधित करना: संघर्षों के दौरान स्थिरता बनाए रखने के लिए, उन मूल कारणों को संबोधित करना आवश्यक है, जिनके कारण संघर्ष शुरू हुआ। संघर्ष अक्सर असमानता, अन्याय या संसाधनों की कमी जैसे अंतर्निहित मुद्दों के कारण उत्पन्न होते हैं। इन मूल कारणों को संबोधित करके, समाज भविष्य के संघर्षों को रोक सकते हैं और दीर्घकालिक स्थिरता को बढ़ावा दे सकते हैं। इसमें सामाजिक सुधारों को लागू करना, समावेशी शासन को बढ़ावा देना या संसाधनों का समान वितरण सुनिश्चित करना शामिल हो सकता है।

5. अंतर्राष्ट्रीय सहयोग; आज की परस्पर जुड़ी दुनिया में, संघर्ष अक्सर राष्ट्रीय सीमाओं को पार कर जाते हैं। संघर्षों के दौरान स्थिरता बनाए रखने के लिए अंतर्राष्ट्रीय सहयोग महत्वपूर्ण है। राष्ट्रों को संघर्षों को फैलने से रोकने, प्रभावित क्षेत्रों को मानवीय सहायता प्रदान करने और शांति निर्माण प्रयासों का समर्थन करने के लिए मिलकर काम करना चाहिए। संयुक्त राष्ट्र जैसे अंतर्राष्ट्रीय संगठन, संवाद को सुविधाजनक बनाने, संघर्षों में मध्यस्थता करने और वैश्विक स्तर पर स्थिरता को बढ़ावा देने में महत्वपूर्ण भूमिका निभाते हैं।

6. शिक्षा और जागरूकता में निवेश: संघर्षों के दौरान स्थिरता बनाए रखने के लिए शिक्षा और जागरूकता शक्तिशाली उपकरण हैं। आलोचनात्मक सोच, सहानुभूति और संघर्ष समाधान कौशल को बढ़ावा देने वाली शिक्षा को बढ़ावा देकर, समाज व्यक्तियों को संघर्षों को शांतिपूर्वक नेविगेट करने के लिए उपकरणों से लैस कर सकते हैं। इसके अतिरिक्त, संघर्षों के परिणामों और स्थिरता के लाभों के विषय में जागरूकता बढ़ाने

से शांतिपूर्ण समाधान के लिए समर्थन जुटाने में सहायता मिल सकती है।

संघर्षों के दौरान स्थिरता बनाए रखना एक जटिल और चुनौतीपूर्ण कार्य है। हालाँकि, प्रभावी संचार, मध्यस्थता, संघर्ष समाधान तंत्र, विश्वास निर्माण, मूल कारणों को संबोधित करना, अंतर्राष्ट्रीय सहयोग और शिक्षा और जागरूकता में निवेश करके, व्यक्ति, समुदाय और राष्ट्र स्थिरता को बनाए रखते हुए संघर्षों को संभाल सकते हैं। ऐसा करके, हम शांति का मार्ग प्रशस्त कर सकते हैं, एक ऐसी दुनिया को बढ़ावा दे सकते हैं जहाँ संघर्षों का शांतिपूर्ण तरीके से समाधान किया जाता हैऔर सभी की भलाई के लिए स्थिरता को बनाए रखा जाता है।

सफलता के लिए अवसरों का उपयोग करें

सफलता के लिए समय पर अवसरों का उपयोग करना: अवसर हमारे जीवन में आने और जाने वाले क्षण की तरह होते हैं। वे ऐसे मौके हैं जो हमें सफलता और पूर्णता की ओर ले जा सकते हैं। हालाँकि, इन अवसरों को सही समय पर पहचानना और उनका लाभ उठाना महत्वपूर्ण है। समय एक मूल्यवान संसाधन हैऔर इसका प्रभावी ढंग से उपयोग करने से हमारे लक्ष्यों को प्राप्त करने में बहुत अंतर आ सकता है। इस लेख में, हम सफलता के लिए समय पर अवसरों का उपयोग करने के महत्व का पता लगाएंगे।

सबसे पहले, आइए समझते हैं कि अवसर वास्तव में क्या हैं। अवसर अनुकूल परिस्थितियाँ हैं जो अक्सर अप्रत्याशित रूप से हमारे सामने आती हैं। वे विभिन्न रूपों में प्रकट हो सकते हैं, जैसे नौकरी की पेशकश, कोई नया कौशल सीखने का मौका, या यहाँ तक कि संभावित व्यावसायिक साझेदारी भी। इन अवसरों में सफलता की ओर दरवाजे खोलने और रास्ते बनाने की क्षमता होती है। हालाँकि, वे स्थायी नहीं होते हैं और अगर तुरंत कार्रवाई नहीं की गई तो वे गायब हो सकते हैं।

समय पर अवसरों का उपयोग करना महत्वपूर्ण होने का एक प्रमुख कारण प्रतिस्पर्धा का तत्व है। आज की तेज़-तर्रार दुनिया में, हर कोई सफलता के लिए प्रयास कर रहा हैऔर अवसर अक्सर सीमित होते हैं। जब कोई अवसर आता है, तो संभावना है कि कई अन्य लोग भी उसी अवसर के लिए होड़ कर रहे हों। इसलिए, तुरंत और निर्णायक रूप से कार्य करने से हमें प्रतिस्पर्धा में बढ़त मिल सकती है। दूसरों से पहले अवसर का लाभ उठाकर, हम अपनी सफलता की संभावनाएँ बढ़ा सकते हैं।

इसके अतिरिक्त, समय एक सीमित संसाधन है और एक बार यह

चला गया, तो इसे वापस नहीं पाया जा सकता। अवसर समयबद्ध होते हैं और अगर हम उन्हें पहचानने और उन पर तुरंत कार्रवाई करने में विफल रहते हैं, तो वे हमेशा के लिए हाथ से निकल सकते हैं। अवसरों का उपयोग करने के मामले में टालमटोल और अनिर्णय हानिकारक हो सकते हैं। हमें तत्परता की भावना विकसित करनी चाहिए और अवसर आने पर तुरंत कार्रवाई करनी चाहिए। इसके लिए सक्रिय होना और अपने लक्ष्यों के बारे में स्पष्ट दृष्टिकोण रखना आवश्यक है।

समय पर अवसरों का उपयोग करने से व्यक्तिगत विकास और प्रगति भी होती है। प्रत्येक अवसर अपने साथ सीखने और नए कौशल हासिल करने का मौका लेकर आता है। इन अवसरों को अपनाकर, हम अपने ज्ञान का विस्तार करते हैं और अपनी क्षमताओं को बढ़ाते हैं। यह निरंतर विकास न केवल हमारे व्यक्तिगत विकास में योगदान देता है बल्कि लंबे समय में हमारी सफलता की संभावनाओं को भी बढ़ाता है। अवसरों का लाभ उठाकर ही हम अपनी पूरी क्षमता का उपयोग कर सकते हैं।

इसके अतिरिक्त, समय पर अवसरों का उपयोग करने से सफलता का डोमिनोज़ प्रभाव हो सकता है। जब हम तुरंत कार्य करते हैं और किसी अवसर का अधिकतम लाभ उठाते हैं, तो यह अक्सर आगे के अवसरों के द्वार खोलता है। सफलता सफलता को जन्म देती हैऔर एक अवसर का लाभ उठाकर, हम एक लहर प्रभाव पैदा करते हैं जो और भी बड़ी उपलब्धियों की ओर ले जा सकता है। यही कारण है कि सतर्क रहना और हमारे रास्ते में आने वाले हर अवसर का लाभ उठाना आवश्यक है।

समय पर अवसरों का प्रभावी ढंग से उपयोग करने के लिए, कुछ आदतें और कौशल विकसित करना महत्वपूर्ण है। सबसे पहले, हमें सकारात्मकता और आशावाद की मानसिकता विकसित करनी चाहिए। यह

मानसिकता हमें चुनौतीपूर्ण परिस्थितियों में भी अवसरों को देखने की अनुमति देती है। यह हमें असफलताओं को सफलता की ओर बढ़ने के लिए कदम के रूप में देखने में सक्षम बनाती है और हमें अवसरों को प्राप्त करने के लिए प्रेरित करती है।

दूसरा, हमें सक्रिय होना चाहिए और पहल करनी चाहिए। अवसरों के हमारे पास आने का इंतजार करने के बजाय, हमें सक्रिय रूप से उनकी तलाश करनी चाहिए। यह नेटवर्किंग, उद्योग के रुझानों के बारे में जानकारी रखने और लगातार सीखने और स्वयं को बेहतर बनाने के माध्यम से किया जा सकता है। सक्रिय होने से, हम अवसरों का सामना करने और उन्हें जब्त करने के लिए तैयार होने की अपनी संभावनाओं को बढ़ाते हैं।

इसके अतिरिक्त, समय पर अवसरों का उपयोग करने के लिए प्रभावी समय प्रबंधन आवश्यक है। हमें अपने कार्यों को प्राथमिकता देनी चाहिए और अवसरों को जब्त करने के लिए विशेष रूप से समय आवंटित करना चाहिए। इसके लिए अनुशासन और उन विकर्षणों को न कहने की क्षमता की आवश्यकता होती है जो हमारी प्रगति में बाधा बन सकते हैं। अपने समय का प्रभावी ढंग से प्रबंधन करके, हम अवसरों के लिए जगह बनाते हैं और सुनिश्चित करते हैं कि जब वे सामने आएं तो हम कार्य करने के लिए तैयार हों।

सफलता के लिए अवसरों का समय पर उपयोग करना महत्वपूर्ण है। अवसर क्षणभंगुर होते हैं और यदि उन पर तुरंत कार्रवाई न की जाए तो वे लुप्त हो सकते हैं। समय के महत्व को पहचानकर और आवश्यक आदतें और कौशल विकसित करके, हम अवसरों का लाभ उठा सकते हैं और सफलता का मार्ग प्रशस्त कर सकते हैं। याद रखें, सफलता उन लोगों को मिलती है जो तैयार रहते हैं और अवसर आने पर कार्रवाई करते हैं। तो, आइए हम

अपने रास्ते में आने वाले हर अवसर का अधिकतम लाभ उठाएं और सफलता की राह पर चलें।

अपने अस्तित्व को स्वीकार करें

अपने अस्तित्व को अपनाएँ और उसे महत्व दें: ब्रह्मांड की विशालता में, प्रत्येक व्यक्ति का अपना एक अलग स्थान और उद्देश्य होता है। हर व्यक्ति की अपनी कहानी, अपने अनुभव और अपनी प्रतिभाएँ और क्षमताएँ होती हैं। अपने अस्तित्व को पहचानना और उसे अपनाना ज़रूरी है, क्योंकि इस स्वीकृति के ज़रिए ही हम अपने जीवन में सही मायने में अर्थ और महत्व पा सकते हैं।

अक्सर, व्यक्ति आत्म-स्वीकृति के साथ संघर्ष करते हैं। वे स्वयं की तुलना दूसरों से कर सकते हैं, स्वयं को अपर्याप्त या अयोग्य महसूस कर सकते हैं। हालाँकि, यह समझना ज़रूरी है कि हर व्यक्ति अपनी यात्रा पर है, अपनी ताकत और कमज़ोरियों के साथ। अपने अस्तित्व को अपनाने का मतलब है अपनी पहचान को स्वीकार करना और यह समझना कि हमारे पास दुनिया में योगदान देने के लिए कुछ मूल्यवान है।

अपने अस्तित्व को अपनाने का एक तरीका है अपने अनोखे गुणों और प्रतिभाओं को पहचानना। हर व्यक्ति के पास कुछ ऐसे कौशल और क्षमताएँ होती हैं जो उन्हें खास बनाती हैं। यह कला, संगीत, लेखन या समस्या-समाधान की प्रतिभा भी हो सकती है। इन प्रतिभाओं को स्वीकार करके और उनका पोषण करके, हम अपने जीवन में पूर्णता और उद्देश्य पा सकते हैं। चाहे वह हमारे चुने हुए क्षेत्र में करियर बनाना हो या बस ऐसे शौक में शामिल होना हो जो हमें खुशी देते हों, अपनी प्रतिभा को अपनाने से हम स्वयं को प्रामाणिक रूप से व्यक्त कर सकते हैं और अपने आस-पास की दुनिया पर सकारात्मक प्रभाव डाल सकते हैं।

इसके अतिरिक्त, अपने अस्तित्व को अपनाने का मतलब है

अपनी खामियों खामियों और अपूर्णताओं को स्वीकार करना। कोई भी व्यक्ति पूर्ण नहीं होता हैऔर अपनी खामियों के माध्यम से ही हम सीखते और बढ़ते हैं। अपनी कमियों पर ध्यान देने के बजाय, हमें उन्हें आत्म-सुधार के अवसरों के रूप में देखना चाहिए। अपनी कमज़ोरियों को स्वीकार करके, हम उन पर काबू पाने और स्वयं का सर्वश्रेष्ठ संस्करण बनने की दिशा में काम कर सकते हैं। अपनी खामियों को अपनाने से हम दूसरों के प्रति सहानुभूति और समझ विकसित कर सकते हैं, क्योंकि हम पहचानते हैं कि हर किसी के अपने संघर्ष और असुरक्षाएँ होती हैं।

अपने अस्तित्व को अपनाने का एक और पहलू आत्म-प्रेम और आत्म-देखभाल को विकसित करना है। अपने शारीरिक, मानसिक और भावनात्मक स्वास्थ्य को प्राथमिकता देना आवश्यक है। स्वयं का ख्याल रखने से हम अपने जीवन में पूरी तरह से सामने आ सकते हैं और दूसरों के लिए मौजूद रह सकते हैं। इसमें ऐसी गतिविधियों में शामिल होना शामिल हो सकता है जो हमें खुशी देती हैं, माइंडफुलनेस और आत्म-चिंतन का अभ्यास करना और स्वयं को सकारात्मक प्रभावों से घेरना। स्वयं को पोषित करके, हम लचीलापन और आंतरिक शक्ति का निर्माण कर सकते हैं, जिससे हम जीवन की चुनौतियों का सामना शालीनता और दृढ़ संकल्प के साथ कर सकते हैं।

इसके अतिरिक्त, अपने अस्तित्व को अपनाने का मतलब है अपने जीवन में अर्थ और उद्देश्य खोजना। यह हमारे कार्यों और मूल्यों को हमारे लिए वास्तव में महत्वपूर्ण चीज़ों के साथ संरेखित करके प्राप्त किया जा सकता है। इसमें लक्ष्य निर्धारित करना और उनके लिए काम करना शामिल है, चाहे वे व्यक्तिगत, पेशेवर या आध्यात्मिक हों। अपने मूल्यों के अनुरूप जीवन जीने से, हम पूर्णता और संतोष की भावना का अनुभव कर सकते हैं। इसमें ऐसे विकल्प चुनना शामिल हो सकता ,है जो हमेशा आसान या

लोकप्रिय न हों, लेकिन हम जो हैं और जिस पर हम विश्वास करते हैं, उसके लिए सही हों।

अपने अस्तित्व को अपनाने के अतिरिक्त, दूसरों के अस्तित्व को पहचानना और उसकी सराहना करना भी उतना ही महत्वपूर्ण है। हम जिस भी व्यक्ति से मिलते हैं, उसकी अपनी अनूठी कहानी और अनुभव होते हैं। उनके अस्तित्व को स्वीकार करके और उनका मूल्यांकन करके, हम जुड़ाव और सहानुभूति की भावना को बढ़ावा दे सकते हैं। यह दयालुता, सक्रिय रूप से सुनने और दूसरों के दृष्टिकोण को समझने की कोशिश करके किया जा सकता है। दूसरों के अस्तित्व को अपनाने से, हम एक अधिक समावेशी और दयालु दुनिया बनाते हैं।

अपने अस्तित्व को स्वीकार करना और उसे महत्व देना एक आजीवन यात्रा है। इसमें हमारे अद्वितीय गुणों और प्रतिभाओं को पहचानना और उनका जश्न मनाना, अपनी खामियों और अपूर्णताओं को स्वीकार करना और आत्म-प्रेम और आत्म-देखभाल को प्राथमिकता देना शामिल है। इसका अर्थ यह भी है कि अपने कार्यों को अपने मूल्यों के साथ संरेखित करके अपने जीवन में अर्थ और उद्देश्य खोजना। इसके अतिरिक्त, दूसरों के अस्तित्व को स्वीकार करने से हमें संबंध और सहानुभूति को बढ़ावा मिलता है। अपने अस्तित्व और दूसरों के अस्तित्व को स्वीकार करके, हम एक ऐसी दुनिया बना सकते हैं जो अधिक स्वीकार्य, दयालु और सार्थक हो। तो, आइए हम अपने अस्तित्व को स्वीकार करें और जीवन के अनमोल उपहार का अधिकतम लाभ उठाएं।

अपने दृष्टिकोण को बदलें

अपना दृष्टिकोण बदलें और नई दिशाएँ निर्धारित करें: जीवन उतार-चढ़ाव और अप्रत्याशित आश्चर्यों से भरी एक यात्रा है। कई बार, हम स्वयं को अटका हुआ या अनिश्चित महसूस कर सकते हैं कि किस रास्ते पर चलें। ऐसे क्षणों में अपना दृष्टिकोण बदलना और नई दिशाएँ निर्धारित करना महत्वपूर्ण हो जाता है। अपने दृष्टिकोण को बदलकर और नई संभावनाओं को अपनाकर, हम अवसरों और व्यक्तिगत विकास की दुनिया को खोल सकते हैं।

हमारा दृष्टिकोण हमारे विश्वासों, अनुभवों और उस लेंस से आकार लेता है जिसके माध्यम से हम दुनिया को देखते हैं। यह इस बात को प्रभावित करता है कि हम परिस्थितियों की व्याख्या कैसे करते हैं, निर्णय कैसे लेते हैं और दूसरों के साथ कैसे बातचीत करते हैं। हालाँकि, कभी-कभी हमारा दृष्टिकोण सीमित या तिरछा हो सकता है, जिससे हमारी वर्तमान परिस्थितियों से परे देखने की हमारी क्षमता बाधित हो सकती है।

अपना दृष्टिकोण बदलने के लिए अपने मौजूदा विश्वासों को चुनौती देने और नए विचारों के लिए स्वयं को खोलने की इच्छा की आवश्यकता होती है। इसमें अपने आराम क्षेत्र से बाहर निकलना और विकास के उत्प्रेरक के रूप में असुविधा को अपनाना शामिल है। ऐसा करके, हम जीवन पर एक नया दृष्टिकोण प्राप्त कर सकते हैं और नई संभावनाओं की खोज कर सकते हैं जो पहले दृष्टि से छिपी हुई थीं।

अपना दृष्टिकोण बदलने का एक तरीका विविध अनुभवों की तलाश करना और विभिन्न पृष्ठभूमि के लोगों से जुड़ना है। इसमें नई जगहों की यात्रा करना, हमारे समुदायों में स्वयंसेवा करना या बस अजनबियों से

बातचीत करना शामिल हो सकता है। स्वयं को अलग-अलग संस्कृतियों, मान्यताओं और जीवन के तरीकों से अवगत कराकर, हम अपने क्षितिज को व्यापक बना सकते हैं और अपने आस-पास की दुनिया को गहराई से समझ सकते हैं।

हमारे दृष्टिकोण को बदलने का एक और शक्तिशाली उपकरण सहानुभूति का अभ्यास करना है। सहानुभूति हमें स्वयं को किसी और की जगह पर रखकर दुनिया को उनकी आँखों से देखने की अनुमति देती है। दूसरों को सक्रिय रूप से सुनने और समझने की कोशिश करके, हम करुणा और सहानुभूति की अधिक भावना विकसित कर सकते हैं। यह बदले में, हमें अपने सीमित दृष्टिकोण से मुक्त होने और अधिक समावेशी और खुले विचारों वाली मानसिकता अपनाने में सहायता कर सकता है।

अपने दृष्टिकोण को बदलने के अतिरिक्त, व्यक्तिगत विकास और पूर्ति के लिए नई दिशाएँ निर्धारित करना आवश्यक है। स्पष्ट लक्ष्यों और उद्देश्य की भावना के बिना, हम आसानी से स्वयं को जीवन में लक्ष्यहीन रूप से भटकते हुए पा सकते हैं। नई दिशाएँ निर्धारित करने में हमारे जुनून, मूल्यों और आकांक्षाओं की पहचान करना और इन मार्गदर्शक सिद्धांतों के साथ अपने कार्यों को संरेखित करना शामिल है।

नई दिशाएँ निर्धारित करने के लिए, आत्म-चिंतन और आत्मनिरीक्षण के लिए समय निकालना महत्वपूर्ण है। इसमें जर्नलिंग, ध्यान या किसी गुरु या कोच से मार्गदर्शन लेना शामिल हो सकता है। अपनी ताकत, कमजोरियों और जो हमें वास्तव में खुशी देता है उसे समझकर, हम एक ऐसा रास्ता तय कर सकते हैं जो हमारे लिए प्रामाणिक और सार्थक हो।

एक बार जब हमें अपनी इच्छित दिशा का स्पष्ट बोध हो जाता है, तो अपने लक्ष्यों को कार्रवाई योग्य चरणों में विभाजित करना महत्वपूर्ण है। रास्ते में छोटे, प्राप्त करने योग्य मील के पत्थर निर्धारित करने से हमें प्रेरित

रहने और अपनी प्रगति को ट्रैक करने में सहायता मिल सकती है। लचीला और अनुकूलनशील बने रहना भी महत्वपूर्ण है, क्योंकि रास्ते में अप्रत्याशित चुनौतियाँ और अवसर उत्पन्न हो सकते हैं।

जबकि नई दिशाएँ निर्धारित करना रोमांचक हो सकता है, यह याद रखना महत्वपूर्ण है कि परिवर्तन में समय और प्रयास लगता है। इसके लिए दृढ़ता, लचीलापन और असफलता को सफलता की ओर एक कदम के रूप में स्वीकार करने की इच्छा की आवश्यकता होती है। नई दिशाएँ निर्धारित करने और अपने लक्ष्यों की दिशा में काम करने की प्रक्रिया के माध्यम से ही हम वास्तव में व्यक्तियों के रूप में विकसित हो सकते हैं।

अपना दृष्टिकोण बदलना और नई दिशाएँ निर्धारित करना एक बार की घटना नहीं है बल्कि एक सतत प्रक्रिया है। इसके लिए निरंतर सीखने, आत्म-चिंतन और व्यक्तिगत विकास के लिए प्रतिबद्धता की आवश्यकता होती है। परिवर्तन को अपनाकर और नए अनुभवों की तलाश करके, हम अपनी पूरी क्षमता को अनलॉक कर सकते हैं और एक ऐसा जीवन बना सकते हैं जो हमारे सच्चे स्व के साथ संरेखित हो।

अपने दृष्टिकोण को बदलना और नई दिशाएँ निर्धारित करना व्यक्तिगत विकास और पूर्णता के लिए आवश्यक है। अपनी मौजूदा मान्यताओं को चुनौती देकर, विविध अनुभवों की तलाश करके और सहानुभूति का अभ्यास करके, हम अपने क्षितिज को व्यापक बना सकते हैं और जीवन पर एक नया दृष्टिकोण प्राप्त कर सकते हैं। इसके अतिरिक्त, स्पष्ट लक्ष्य निर्धारित करके और अपने कार्यों को अपने जुनून और मूल्यों के साथ संरेखित करके, हम एक ऐसा जीवन बना सकते हैं जो हमारे लिए प्रामाणिक और सार्थक हो। याद रखें, परिवर्तन में समय और प्रयास लगता है, लेकिन पुरस्कार इसके लायक हैं। इसलिए, परिवर्तन को अपनाएँ, अपने आराम

क्षेत्र से बाहर कदम रखें और आत्म-खोज और व्यक्तिगत विकास की यात्रा पर निकलें।

अपने लक्ष्यों के लिए निरंतर प्रयास करें

लक्ष्य निर्धारित करना व्यक्तिगत और व्यावसायिक विकास का एक अनिवार्य हिस्सा है। हालाँकि, केवल अपने उद्देश्यों को परिभाषित करना पर्याप्त नहीं है; उन्हें वास्तविकता में बदलने के लिए निरंतर प्रयास और दृढ़ता की आवश्यकता होती है। इस लेख में, हम अपने लक्ष्यों की ओर निरंतर प्रयास करने के महत्व और यह कैसे सफलता की ओर ले जा सकता है, इसका पता लगाएंगे।

1. उद्देश्य की स्पष्टता: अपने लक्ष्यों की ओर यात्रा शुरू करने के लिए, यह स्पष्ट रूप से समझना महत्वपूर्ण है कि आप क्या हासिल करना चाहते हैं। अपने उद्देश्यों को सटीकता के साथ परिभाषित करें, सुनिश्चित करें कि वे विशिष्ट, मापने योग्य, प्राप्य, प्रासंगिक और समयबद्ध (स्मार्ट) हों। यह स्पष्टता आपके पूरे प्रयास में एक मार्गदर्शक प्रकाश के रूप में काम करेगी।

2. प्रेरणा और जुनून: प्रेरणा और जुनून किसी भी सफल प्रयास के पीछे प्रेरक शक्तियाँ हैं। जब आप अपने लक्ष्यों के प्रति जुनूनी होते हैं, तो आपके प्रतिबद्ध रहने और चुनौतियों के माध्यम से दृढ़ रहने की अधिक संभावना होती है। आप जो हासिल करना चाहते हैं, उसके लिए एक गहरा उत्साह पैदा करें, क्योंकि यह कठिन समय के दौरान आपके दृढ़ संकल्प को बढ़ावा देगा।

3. बाधाओं पर काबू पाना: सफलता का मार्ग शायद ही कभी आसान होता है; यह अक्सर बाधाओं और असफलताओं से भरा होता है। हालाँकि, इन चुनौतियों को बाधाओं के बजाय विकास के अवसरों के रूप में देखना आवश्यक है। उन्हें सीखने के अनुभवों के रूप में अपनाएँ और उनसे

पार पाने के लिए नए-नए तरीके खोजें। याद रखें, आप जिस भी बाधा को पार करते हैं, वह आपको अपने लक्ष्यों के एक कदम और करीब ले जाती है।

4. निरंतरता और अनुशासन: स्थिरता और अनुशासन दीर्घकालिक सफलता प्राप्त करने की आधारशिला हैं। अपने लक्ष्यों के अनुरूप एक दिनचर्या विकसित करें और उस पर लगन से टिके रहें। चाहे वह हर दिन केंद्रित काम के लिए एक विशिष्ट समय आवंटित करना हो या अपने लक्ष्यों को छोटे, प्रबंधनीय कार्यों में विभाजित करना हो, निरंतरता और अनुशासन आपको स्थिर प्रगति करने में सहायता करेंगे।

5. लचीलापन और दृढ़ता: लचीलापन विफलताओं और असफलताओं से उबरने की क्षमता है। सफलता की ओर अपनी यात्रा में इसे विकसित करना एक आवश्यक गुण है। समझें कि असफलताएँ प्रक्रिया का एक स्वाभाविक हिस्सा हैं और आपकी क्षमताओं को परिभाषित नहीं करती हैं। इसके बजाय, उन्हें सीखने, अनुकूलन करने और बढ़ने के अवसरों के रूप में देखें। चुनौतियों पर काबू पाने और अपने लक्ष्यों के प्रति प्रतिबद्ध रहने की कुंजी दृढ़ता है, तब भी जब हालात कठिन हों।

6. सहायता प्राप्त करना: कोई भी व्यक्ति पूरी तरह से अपने दम पर सफलता प्राप्त नहीं कर सकता। ऐसे गुरुओं, मित्रों या परिवार के सदस्यों से सहायता प्राप्त करें जो मार्गदर्शन, प्रेरणा और जवाबदेही प्रदान कर सकें। अपने आप को ऐसे व्यक्तियों से घेरें जो आपकी क्षमता में विश्वास करते हैं और मूल्यवान अंतर्दृष्टि प्रदान कर सकते हैं। उनका समर्थन आपको केंद्रित और प्रेरित रहने में सहायता करेगा, खासकर चुनौतीपूर्ण समय के दौरान।

7. मील के पत्थर का जश्न मनाना: जबकि अपने दीर्घकालिक लक्ष्यों पर ध्यान केंद्रित करना आवश्यक है, रास्ते में मील के पत्थर का जश्न मनाना भी उतना ही महत्वपूर्ण है। आपने जो प्रगति की है, उसे पहचानें और उसकी सराहना करें, चाहे वह कितनी भी छोटी क्यों न हो। मील के पत्थर का

जश्न मनाने से मनोबल बढ़ता है, आपकी प्रतिबद्धता मजबूत होती है और आगे बढ़ते रहने की प्रेरणा मिलती है।

8. अनुकूलनशीलता और लचीलापन: तेजी से बदलती दुनिया में, अनुकूलनशीलता और लचीलापन सफलता प्राप्त करने के लिए महत्वपूर्ण गुण हैं। अपनी रणनीतियों और दृष्टिकोणों को आवश्यकतानुसार समायोजित करने के लिए तैयार रहें। नई तकनीकों, विचारों और अवसरों को अपनाएँ जो आपकी प्रगति को बढ़ा सकते हैं। अनुकूलनशील होने से, आप अप्रत्याशित परिस्थितियों को नेविगेट कर सकते हैं और अपने लक्ष्यों की ओर ट्रैक पर रह सकते हैं।

9. निरंतर सीखना: सीखना और अपने ज्ञान का विस्तार करना कभी न छोड़ें। नए कौशल हासिल करने, कार्यशालाओं में भाग लेने, किताबें पढ़ने या अपने लक्ष्यों के अनुरूप पाठ्यक्रमों में दाखिला लेने के अवसरों की तलाश करें। निरंतर सीखना न केवल आपकी विशेषज्ञता को बढ़ाता है बल्कि आपको प्रेरित भी रखता है। यह आपको वक्र से आगे रहने और बदलती परिस्थितियों के अनुकूल होने की अनुमति देता है।

10. सफलता की कल्पना करना: विजुअलाइज़ेशन एक शक्तिशाली उपकरण है जो आपको केंद्रित और प्रेरित रहने में सहायता कर सकता है। अपने लक्ष्यों को प्राप्त करने, सफलता से जुड़ी भावनाओं का अनुभव करने और पुरस्कारों का आनंद लेने के लिए स्वयं की कल्पना करने के लिए समय निकालें। यह अभ्यास आपकी क्षमताओं में आपके विश्वास को मजबूत करता है और आपके लक्ष्यों को आपके दिमाग में सबसे आगे रखता है।

अपने लक्ष्यों को प्राप्त करने के लिए केवल इच्छाधारी सोच से अधिक आवश्यकता होती है; निरंतर प्रयास, लचीलापन और दृढ़ता की। उद्देश्य की स्पष्टता बनाए रखकर, प्रेरित रहकर, बाधाओं पर काबू पाकर और

सहायता मांगकर, आप अपने सपनों को हकीकत में बदल सकते हैं। याद रखें, सफलता रातोंरात नहीं मिलती बल्कि अपने लक्ष्यों की ओर निरंतर प्रयास करने का परिणाम है। इसलिए, यात्रा को अपनाएं, प्रतिबद्ध रहें और अपनी दृढ़ता को अपनी इच्छित मंजिल तक पहुँचने का मार्ग प्रशस्त करने दें।

लक्ष्यों की समीक्षा करें

लक्ष्य निर्धारित करना व्यक्तिगत और व्यावसायिक विकास का एक महत्वपूर्ण पहलू है। लक्ष्य जीवन में दिशा, प्रेरणा और उद्देश्य की भावना प्रदान करते हैं। हालाँकि, केवल लक्ष्य निर्धारित करना पर्याप्त नहीं है। उन लक्ष्यों को प्राप्त करने की दिशा में प्रगति का नियमित रूप से मूल्यांकन और आकलन करना भी उतना ही महत्वपूर्ण है। इस लेख में, हम लक्ष्यों के मूल्यांकन के महत्व पर चर्चा करेंगे और अपनी प्रगति का प्रभावी ढंग से आकलन करने के तरीके के बारे में कुछ सुझाव देंगे।

लक्ष्यों का मूल्यांकन कई कारणों से महत्वपूर्ण है। सबसे पहले, यह आपको अपनी प्रगति को ट्रैक करने और यह निर्धारित करने की अनुमति देता है कि आप अपने उद्देश्यों को प्राप्त करने की दिशा में सही रास्ते पर हैं या नहीं। अपने लक्ष्यों का नियमित रूप से मूल्यांकन करके, आप अपनी प्रगति में बाधा डालने वाली किसी भी बाधा या चुनौती की पहचान कर सकते हैं और उन्हें दूर करने के लिए सुधारात्मक कार्रवाई कर सकते हैं।

दूसरा, लक्ष्यों का मूल्यांकन आपको प्रेरित और केंद्रित रहने में मदद करता है। जब आप अपने लक्ष्यों की ओर ठोस प्रगति देखते हैं, तो यह आपके आत्मविश्वास को बढ़ाता है और आपको उनके लिए काम करते रहने के लिए प्रोत्साहित करता है। दूसरी ओर, यदि आप कोई प्रगति नहीं कर रहे हैं, तो अपने लक्ष्यों का मूल्यांकन करने से आपको उन क्षेत्रों की पहचान करने में मदद मिल सकती है जहाँ आपको सुधार करने की आवश्यकता है और अपनी कार्य योजना में आवश्यक समायोजन करने की आवश्यकता है।

अंत में, लक्ष्यों का मूल्यांकन चिंतन और आत्म-सुधार का अवसर प्रदान करता है। अपनी प्रगति का विश्लेषण करके, आप अपनी ताकत

और कमजोरियों के बारे में मूल्यवान जानकारी प्राप्त कर सकते हैं, साथ ही उन क्षेत्रों की पहचान कर सकते हैं जहाँ आपको नए कौशल विकसित करने या अतिरिक्त ज्ञान प्राप्त करने की आवश्यकता है। यह आत्म-जागरूकता आपको व्यक्तिगत और पेशेवर रूप से बढ़ने और अपने लक्ष्यों को प्राप्त करने में अधिक प्रभावी बनने में मदद कर सकती है।

अब जब हम लक्ष्यों का मूल्यांकन करने के महत्व को समझ गए हैं, तो आइए कुछ सुझावों पर चर्चा करें कि उन्हें प्राप्त करने की दिशा में अपनी प्रगति का प्रभावी ढंग से आकलन कैसे करें:

अपने लक्ष्यों का मूल्यांकन करने से पहले, आपको यह सुनिश्चित करने की आवश्यकता है कि वे विशिष्ट, मापने योग्य, प्राप्त करने योग्य, प्रासंगिक और समयबद्ध (स्मार्ट) हैं। स्पष्ट लक्ष्य सफलता के लिए एक स्पष्ट रोडमैप प्रदान करते हैं और आपकी प्रगति को ट्रैक करना आसान बनाते हैं।

अपने लक्ष्यों की नियमित समीक्षा करने की आदत डालें, चाहे वह दैनिक, साप्ताहिक, मासिक या त्रैमासिक हो। यह आपको ट्रैक पर बने रहने और आवश्यकतानुसार अपनी कार्य योजना में कोई भी आवश्यक समायोजन करने में मदद करेगा।

अपने लक्ष्यों की ओर अपनी प्रगति का एक जर्नल या लॉग रखना आपकी प्रगति का मूल्यांकन करने के लिए एक सहायक उपकरण हो सकता है। अपनी उपलब्धियों, असफलताओं और रास्ते में सीखे गए किसी भी सबक को लिखें। यह आपको अपने लक्ष्यों को प्राप्त करने की दिशा में अपनी यात्रा का रिकॉर्ड प्रदान करेगा और आपको अपनी प्रगति में पैटर्न या रुझानों की पहचान करने में मदद करेगा।

दूसरों से प्रतिक्रिया मांगने से न डरें, चाहे वह किसी गुरु, कोच या भरोसेमंद दोस्त से हो। बाहरी दृष्टिकोण प्राप्त करने से आपकी प्रगति में मूल्यवान अंतर्दृष्टि मिल सकती है और आपकी उन अंधे स्थानों की पहचान

करने में मदद मिल सकती है जिन्हें आपने अनदेखा किया हो सकता है।

अपनी उपलब्धियों का जश्न मनाना न भूलें, चाहे वे कितनी भी छोटी क्यों न हों। अपनी प्रगति को पहचानना और स्वीकार करना आपकी प्रेरणा को बढ़ा सकता है और आपको अपने लक्ष्यों की दिशा में काम करना जारी रखने के लिए प्रेरित कर सकता है।

यदि आपको लगता है कि आप अपने लक्ष्यों की ओर प्रगति नहीं कर रहे हैं, तो अपनी कार्य योजना को समायोजित करने से न डरें। लचीला बनें और यदि आवश्यक हो तो अपने दृष्टिकोण में बदलाव करने के लिए तैयार रहें। याद रखें, अगर मौजूदा रणनीतियाँ काम नहीं कर रही हैं, तो नई रणनीतियाँ आज़माना और उन्हें बदलना ठीक है।

अंत में, अपने लक्ष्यों के प्रति प्रतिबद्ध रहें और चुनौतियों या असफलताओं का सामना करने पर भी हार न मानें। याद रखें कि अपने लक्ष्यों को प्राप्त करने में समय और प्रयास लगता हैऔर उन्हें अंत तक पूरा करने के लिए केंद्रित और दृढ़ रहना महत्वपूर्ण है।

लक्ष्यों का मूल्यांकन करना लक्ष्य-निर्धारण प्रक्रिया में एक महत्वपूर्ण कदम है। अपने उद्देश्यों को प्राप्त करने की दिशा में अपनी प्रगति का नियमित रूप से आकलन करके, आप प्रेरित, केंद्रित और सफलता की राह पर बने रह सकते हैं। स्पष्ट और मापने योग्य लक्ष्य निर्धारित करना याद रखें, नियमित रूप से अपनी प्रगति की समीक्षा करें, एक जर्नल रखें, प्रतिक्रिया मांगें, अपनी जीत का जश्न मनाएं, अपनी कार्य योजना को आवश्यकतानुसार समायोजित करें और अपने लक्ष्यों के प्रति प्रतिबद्ध रहें। इन युक्तियों को ध्यान में रखते हुए, आप अपने लक्ष्यों का प्रभावी ढंग से मूल्यांकन कर सकते हैं और अपने सपनों को प्राप्त करने की दिशा में प्रगति कर सकते हैं।

अपने अवसरों को खोजें और लाभ उठाएं

अपने अवसरों की खोज करना और उनका लाभ उठाना: अवसर छिपे हुए खजानों की तरह होते हैं, जिन्हें खोजा जाना बाकी है। वे विभिन्न रूपों में आते हैं और किसी भी समय स्वयं को प्रस्तुत कर सकते हैं। हालाँकि, यह हम पर निर्भर करता है कि हम इन अवसरों को पहचानें और जब वे सामने आएं, उनका लाभ उठाएं। इस तेज़-रफ़्तार दुनिया में, जहाँ समय की अहमियत है, सक्रिय रहना और हमारे सामने आने वाले अवसरों का अधिकतम लाभ उठाना बहुत ज़रूरी है। ऐसा करके, हम अपनी वास्तविक क्षमता को अनलॉक कर सकते हैं और अपने व्यक्तिगत और व्यावसायिक जीवन दोनों में सफलता प्राप्त कर सकते हैं।

अवसरों का लाभ उठाने का पहला कदम एक ऐसी मानसिकता विकसित करना है जो नई संभावनाओं के लिए खुली और ग्रहणशील हो। अक्सर, हम अपनी रोज़मर्रा की दिनचर्या और आरामदेह क्षेत्रों में इतने उलझ जाते हैं कि हम अपने आस-पास के अवसरों पर ध्यान नहीं दे पाते। जिज्ञासा और अनुकूलनशीलता की मानसिकता विकसित करके, हम अपने आस-पास के बारे में अधिक जागरूक होने और संभावित अवसरों को पहचानने के लिए स्वयं को प्रशिक्षित कर सकते हैं।

अवसरों को पहचानने की हमारी क्षमता को बढ़ाने का एक प्रभावी तरीका अपने ज्ञान और कौशल का विस्तार करना है। जितना अधिक हम सीखते और बढ़ते हैं, हम अवसरों को पहचानने और उनका लाभ उठाने के लिए उतने ही अधिक सक्षम होते हैं। यह निरंतर सीखने के माध्यम से प्राप्त किया जा सकता है, चाहे वह औपचारिक शिक्षा के माध्यम से हो, किताबें पढ़ना हो, सेमिनार में भाग लेना हो या फिर ऑनलाइन पाठ्यक्रमों में भाग

लेना हो। अपने व्यक्तिगत विकास में निवेश करके, हम न केवल अपने क्षितिज को व्यापक बनाते हैं, बल्कि नए अवसरों पर ठोकर खाने की संभावना भी बढ़ाते हैं।

नेटवर्किंग अवसरों की खोज और उन्हें भुनाने का एक और महत्वपूर्ण पहलू है। संपर्कों का एक मजबूत नेटवर्क बनाने से विभिन्न अवसरों के द्वार खुल सकते हैं जो अन्यथा सुलभ नहीं हो सकते हैं। समान विचारधारा वाले व्यक्तियों, उद्योग पेशेवरों और सलाहकारों से जुड़कर, हम मूल्यवान अंतर्दृष्टि, सलाह और संभावित सहयोग तक पहुँच प्राप्त करते हैं। नेटवर्किंग इवेंट, सम्मेलन और ऑनलाइन प्लेटफ़ॉर्म नए लोगों से मिलने और अपने नेटवर्क का विस्तार करने के बेहतरीन अवसर प्रदान करते हैं। यह याद रखना महत्वपूर्ण है कि नेटवर्किंग एक दो-तरफ़ा सड़क हैऔर हमें हमेशा दूसरों को भी समर्थन और सहायता देने के लिए तैयार रहना चाहिए।

नेटवर्किंग के अतिरिक्त, अवसरों को भुनाने के लिए सक्रिय होना और पहल करना आवश्यक है। अवसर शायद ही कभी हमारे दरवाज़े पर दस्तक देते हैं; इसके बजाय, हमें सक्रिय रूप से उन्हें तलाशना चाहिए। इसमें अपने आराम क्षेत्र से बाहर निकलना, गणना किए गए जोखिम लेना और नई चुनौतियों को स्वीकार करने के लिए तैयार रहना शामिल हो सकता है। यह याद रखना महत्वपूर्ण है कि असफलता सफलता की ओर यात्रा का एक हिस्सा है। भले ही हमें रास्ते में असफलताओं का सामना करना पड़े, लेकिन उनसे सीखना और आगे बढ़ते रहना महत्वपूर्ण है। सक्रिय और दृढ़ रहने से, हम उन अवसरों पर ठोकर खाने की संभावना बढ़ाते हैं जो हमें हमारे लक्ष्यों की ओर ले जा सकते हैं।

इसके अतिरिक्त, अवसरों को भुनाने के लिए सकारात्मक बने रहना और विकास की मानसिकता बनाए रखना महत्वपूर्ण है। कभी-कभी, अवसर उस तरह से सामने नहीं आते जिस तरह से हम उम्मीद या इच्छा रखते

हैं। हालाँकि, अपने दृष्टिकोण को फिर से तैयार करके और सकारात्मक पहलुओं की तलाश करके, हम सबसे चुनौतीपूर्ण परिस्थितियों में भी छिपे हुए अवसरों को पा सकते हैं। सकारात्मक दृष्टिकोण बनाए रखना और अपनी क्षमताओं पर विश्वास करना हमें बाधाओं को दूर करने और हमारे रास्ते में आने वाले अवसरों का अधिकतम लाभ उठाने में सहायता कर सकता है।

अंत में, अवसरों को भुनाते समय समय का ध्यान रखना महत्वपूर्ण है। जबकि सक्रिय होना महत्वपूर्ण है, धैर्य रखना और सही समय का इंतजार करना भी उतना ही महत्वपूर्ण है। बिना सोचे–समझे अवसरों का लाभ उठाने से प्रतिकूल परिणाम हो सकते हैं। किसी अवसर से जुड़े संभावित जोखिमों और पुरस्कारों का मूल्यांकन करने के लिए समय निकालने से हमें सूचित निर्णय लेने और सफलता की संभावना बढ़ाने में सहायता मिल सकती है।

निष्कर्ष के तौर पर, अवसरों की खोज करना और उनका लाभ उठाना व्यक्तिगत और व्यावसायिक विकास का एक महत्वपूर्ण पहलू है। नई संभावनाओं के लिए खुली मानसिकता विकसित करके, अपने ज्ञान और कौशल का विस्तार करके, नेटवर्किंग करके, सक्रिय होकर, सकारात्मक दृष्टिकोण बनाए रखकर और समय का ध्यान रखकर, हम अपनी वास्तविक क्षमता को अनलॉक कर सकते हैं और सफलता प्राप्त कर सकते हैं। याद रखें, अवसर हमारे चारों ओर हैं; उन्हें पहचानना और उनका लाभ उठाना हम पर निर्भर है। तो, आइए हम अज्ञात को अपनाएँ, अपने आराम क्षेत्र से बाहर निकलें और अंतहीन संभावनाओं की यात्रा पर निकलें।

संघर्षों के दौरान संतुलन बनाए रखें

संघर्ष के दौरान संतुलन बनाए रखना: जीवन उतार-चढ़ाव, सफलता और असफलताऔर खुशी और दुख के क्षणों से भरा एक सफर है। इन संघर्षों के दौरान संतुलन बनाए रखना महत्वपूर्ण हो जाता है। चाहे वह व्यक्तिगत चुनौती हो, पेशेवर झटका हो या वैश्विक संकट, अराजकता के बीच संतुलन पाना हमारी भलाई और विकास के लिए आवश्यक है। इस लेख में, हम संघर्षों के दौरान संतुलन के महत्व का पता लगाएंगे और इसे प्राप्त करने की रणनीतियों पर चर्चा करेंगे।

संघर्ष जीवन का एक अपरिहार्य हिस्सा हैं। वे हमारे हमारे की परीक्षा लेते हैं, हमारे विश्वासों को चुनौती देते हैं और हमें हमारे आराम क्षेत्र से बाहर धकेलते हैं। जबकि कठिन समय के दौरान अभिभूत और भ्रमित महसूस करना स्वाभाविक है, यह याद रखना आवश्यक है कि संतुलन बनाए रखना इन चुनौतियों से सफलतापूर्वक निपटने की कुंजी है।

संघर्षों के दौरान संतुलन प्राप्त करने की दिशा में पहला कदम स्थिति को स्वीकार करना करना है। इनकार या प्रतिरोध केवल प्रक्रिया की लम्बा खींचता है और संतुलन खोजने की हमारी क्षमता में बाधा डालता है। स्थिति की वास्तविकता को स्वीकार करके, हम अपनी ऊर्जा को समाधान खोजने और परिस्थितियों के अनुकूल होने पर केंद्रित कर सकते हैं। संतुलन बनाए रखने का एक और महत्वपूर्ण पहलू आत्म-देखभाल है। चुनौतीपूर्ण समय के दौरान, हमारे शारीरिक, भावनात्मक और मानसिक स्वास्थ्य की उपेक्षा करना आसान है। हालाँकि, स्वयं का ख्याल रखना लचीलापन बनाने और जमीन पर बने रहने के लिए महत्वपूर्ण है। ऐसी गतिविधियों में शामिल होना जो हमें खुशी देती हैं, माइंडफुलनेस या मेडिटेशन का अभ्यास करना

और पर्याप्त आराम और पोषण सुनिश्चित करना सभी आत्म–देखभाल के आवश्यक घटक हैं।

इसके अतिरिक्त, प्रियजनों या पेशेवरों से सहायता प्राप्त करना मूल्यवान मार्गदर्शन और परिप्रेक्ष्य प्रदान कर सकता है। अपने संघर्षों को विश्वसनीय व्यक्तियों के साथ साझा करने से बोझ को कम करने और नई अंतर्दृष्टि प्रदान करने में सहायता मिल सकती है। इसके अतिरिक्त, थेरेपी या परामर्श जैसी पेशेवर सहायता लेने से हमें उन चुनौतियों से निपटने के लिए आवश्यक उपकरण मिल सकते हैं जिनका हम सामना करते हैं।

संघर्ष के समय, सकारात्मक मानसिकता बनाए रखना भी महत्वपूर्ण है। हालाँकि चुनौतीपूर्ण परिस्थितियों में सकारात्मक पहलू देखना मुश्किल हो सकता है, लेकिन सकारात्मक दृष्टिकोण विकसित करने से हमें विकास और सीखने के अवसर खोजने में सहायता मिल सकती है। अपने दृष्टिकोण को फिर से तैयार करके और अपने संघर्षों से जो सबक हम सीख सकते हैं, उस पर ध्यान केंद्रित करके, हम प्रतिकूल परिस्थितियों को व्यक्तिगत विकास के लिए उत्प्रेरक में बदल सकते हैं।

इसके अतिरिक्त, यथार्थवादी लक्ष्य और प्राथमिकताएँ निर्धारित करने से हमें संघर्षों के दौरान संतुलन बनाए रखने में सहायता मिल सकती है। भारी कामों को छोटे, प्रबंधनीय चरणों में तोड़कर, हम बिना अभिभूत हुए प्रगति कर सकते हैं। अपनी जिम्मेदारियों को प्राथमिकता देना और जो वास्तव में मायने रखता है उस पर ध्यान केंद्रित करना हमें अपना समय और ऊर्जा प्रभावी ढंग से आवंटित करने की अनुमति देता है।

व्यक्तिगत रणनीतियों के अतिरिक्त, संघर्षों के दौरान संतुलन बनाए रखने के लिए एक सहायक वातावरण बनाना महत्वपूर्ण है। सकारात्मक और समझदार व्यक्तियों के साथ स्वयं को घेरना जो हमें ऊपर उठाते हैं और प्रोत्साहित करते हैं, एक महत्वपूर्ण अंतर ला सकते हैं। समान मूल्यों और

लक्ष्यों को साझा करने वाले समान विचारधारा वाले व्यक्तियों का एक नेटवर्क बनाना चुनौतीपूर्ण समय के दौरान अपनेपन और समर्थन की भावना प्रदान कर सकता है।

इसके अतिरिक्त, संतुलन बनाए रखने के लिए परिवर्तन को अपनाना और नई परिस्थितियों के अनुकूल होना आवश्यक है। संघर्षों के लिए अक्सर हमें अपने आराम क्षेत्र से बाहर निकलने और अपरिचित क्षेत्र को अपनाने की आवश्यकता होती है। विकास की मानसिकता विकसित करके और परिवर्तन के लिए खुले रहने से, हम लचीलेपन के साथ चुनौतियों का सामना कर सकते हैं।

कृतज्ञता का अभ्यास करने से हमें संघर्षों के दौरान संतुलन बनाए रखने में सहायता मिल सकती है। हमारे सामने आने वाली नकारात्मकता और कठिनाइयों में फंसना आसान है, लेकिन हमारे जीवन में आशीर्वाद की सराहना करने के लिए एक पल निकालना हमारा ध्यान बदल सकता है और शांति की भावना ला सकता है। छोटी-छोटी खुशियों, हमें मिलने वाले समर्थन और संघर्षों के दौरान सीखे गए सबक के लिए कृतज्ञता व्यक्त करना हमें परिप्रेक्ष्य बनाए रखने और अराजकता के बीच संतुलन खोजने में सहायता कर सकता है।

अंत में, संघर्षों के दौरान संतुलन बनाए रखना हमारी भलाई और विकास के लिए महत्वपूर्ण है। स्थिति को स्वीकार करके, आत्म-देखभाल का अभ्यास करके, सहायता मांगकर, सकारात्मक मानसिकता बनाए रखकर, यथार्थवादी लक्ष्य निर्धारित करके, एक सहायक वातावरण बनाकर, परिवर्तन को अपनाकर और कृतज्ञता का अभ्यास करके, हम चुनौतियों का सामना लचीलेपन और शालीनता के साथ कर सकते हैं। याद रखें, संघर्ष अस्थायी हैं, और संतुलन पाकर, हम जीवन के तूफानों से मजबूत और समझदार बनकर उभर सकते हैं।

सफलता के लिए समर्पण और प्रयास करें

सफलता एक व्यक्तिपरक शब्द है जो अलग-अलग व्यक्तियों के लिए अलग-अलग अर्थ रखता है। हालाँकि, सफलता की सभी परिभाषाओं में एक समान सूत्र है जो अटूट समर्पण और निरंतर प्रयास की आवश्यकता है। इस लेख में, हम सफलता प्राप्त करने में दृढ़ता और समर्पण के महत्व का पता लगाएंगे और इन गुणों को हमारे जीवन में कैसे विकसित किया जा सकता है।

1. दृढ़ता को समझना: दृढ़ता चुनौतियों, असफलताओं और बाधाओं का सामना करने की क्षमता है। यह कठिनाइयों के बावजूद आगे बढ़ते रहने और आसानी से हार न मानने का दृढ़ संकल्प है। दृढ़ता एक महत्वपूर्ण गुण है जो सफल व्यक्तियों को उन लोगों से अलग करता है जो अपने लक्ष्यों से चूक जाते हैं।

2. समर्पण की शक्ति: समर्पण किसी विशेष लक्ष्य या उद्देश्य के प्रति अटूट प्रतिबद्धता और ध्यान है। इसमें वांछित परिणाम प्राप्त करने में समय, ऊर्जा और संसाधनों का निवेश करना शामिल है। समर्पण वह ईंधन है जो व्यक्तियों को उनकी आकांक्षाओं की ओर प्रेरित करता है, जिससे वे बाधाओं को पार कर सकते हैं और ट्रैक पर बने रह सकते हैं।

3. बाधाओं पर काबू पाना: सफलता शायद ही कभी बाधाओं के बिना मिलती है। इन चुनौतियों से पार पाने की क्षमता ही सफल व्यक्तियों को अलग बनाती है। दृढ़ता और समर्पण बाधाओं को पार करने, असफलताओं से सीखने और बदलती परिस्थितियों के अनुकूल होने के लिए आवश्यक लचीलापन प्रदान करते हैं। बाधाओं को विकास के अवसरों के रूप में देखकर, व्यक्ति असफलताओं को सफलता की ओर बढ़ने के लिए

कदम में बदल सकते हैं।

4. विकास मानसिकता विकसित करना: दृढ़ता और समर्पण को बढ़ावा देने के लिए विकास मानसिकता आवश्यक है। यह विश्वास है कि समर्पण और कड़ी मेहनत के माध्यम से क्षमताओं और बुद्धिमत्ता का विकास किया जा सकता है। विकास मानसिकता को अपनाने से व्यक्ति असफलताओं को अस्थायी असफलताओं और सीखने और सुधार के अवसरों के रूप में देख सकते हैं। विकास मानसिकता विकसित करके, व्यक्ति अपने लक्ष्यों को प्राप्त करने की दिशा में अपनी प्रेरणा और ड्राइव को बनाए रख सकते हैं।

5. यथार्थवादी लक्ष्य निर्धारित करना: समर्पण और दृढ़ता को बनाए रखने के लिए यथार्थवादी और प्राप्त करने योग्य लक्ष्य निर्धारित करना महत्वपूर्ण है। अवास्तविक लक्ष्य निराशा और हतोत्साहन का कारण बन सकते हैं, जबकि प्राप्त करने योग्य लक्ष्य उपलब्धि की भावना प्रदान करते हैं और आगे बढ़ते रहने की इच्छा को बढ़ावा देते हैं। बड़े लक्ष्यों को छोटे, प्रबंधनीय कार्यों में विभाजित करने से भी ध्यान और गति बनाए रखने में सहायता मिल सकती है।

6. सहायक नेटवर्क का निर्माण: अपने आप को ऐसे व्यक्तियों के सहायक नेटवर्क से घेरना जो समान लक्ष्य और मूल्य साझा करते हैं, दृढ़ता और समर्पण में महत्वपूर्ण योगदान दे सकते हैं। एक मजबूत समर्थन प्रणाली प्रोत्साहन, मार्गदर्शन और जवाबदेही प्रदान करती है, जिससे व्यक्तियों को अपने उद्देश्यों के लिए प्रेरित और प्रतिबद्ध रहने में सहायता मिलती है। समान विचारधारा वाले व्यक्तियों के साथ सहयोग करने से सौहार्द और साझा प्रगति की भावना भी विकसित हो सकती है।

7. अनुशासन और निरंतरता का विकास: अनुशासन और

निरंतरता दृढ़ता और समर्पण के महत्वपूर्ण घटक हैं। एक दिनचर्या विकसित करना और उस पर टिके रहना, भले ही प्रेरणा कम हो जाए, अनुशासन बनाता है और लक्ष्यों की ओर प्रगति सुनिश्चित करता है। प्रयासों में निरंतरता, चाहे वह बड़ा हो या छोटा, गति बनाए रखने में सहायता करता है और असफलताओं को प्रगति की पटरी से उतारने से रोकता है।

8. असफलता से सीखना: सफलता की ओर किसी भी यात्रा में असफलता एक अनिवार्य हिस्सा है। हालाँकि, यह व्यक्ति विफलता पर कैसे प्रतिक्रिया करता है, यह उसके अंतिम परिणाम को निर्धारित करता है। दृढ़ता और समर्पण व्यक्ति को असफलता को विकास और सीखने के अवसर के रूप में देखने की अनुमति देता है। असफलताओं का विश्लेषण करके, सुधार के लिए क्षेत्रों की पहचान करके और आवश्यक समायोजन करके, व्यक्ति पहले से अधिक मजबूत और दृढ़ संकल्प के साथ वापस आ सकता है।

9. मील के पत्थर का जश्न मनाना: रास्ते में मील के पत्थर को पहचानना और उसका जश्न मनाना प्रेरणा बनाए रखने और समर्पण को बनाए रखने के लिए महत्वपूर्ण है। प्रगति को स्वीकार करना, चाहे वह कितनी भी छोटी क्यों न हो, इस विश्वास को मजबूत करता है कि प्रयास फलदायी हो रहे हैं और व्यक्तियों को आगे बढ़ते रहने के लिए प्रोत्साहित करता है। मील के पत्थर का जश्न मनाने से यात्रा पर चिंतन करने और निवेश की गई कड़ी मेहनत की सराहना करने का अवसर भी मिलता है।

10. लचीलापन अपनाना: लचीलापन प्रतिकूल परिस्थितियों से वापस आने और सकारात्मक दृष्टिकोण बनाए रखने की क्षमता है। यह दृढ़ता और समर्पण के लिए एक आवश्यक गुण है। लचीलापन विकसित करने में मुकाबला करने के तंत्र विकसित करना, आत्म-देखभाल का अभ्यास करना और ज़रूरत पड़ने पर सहायता मांगना शामिल है। लचीलापन अपनाकर, व्यक्ति अपने रास्ते में आने वाले तूफानों का सामना कर सकते हैं और अपने

लक्ष्यों के प्रति प्रतिबद्ध रह सकते हैं।

दृढ़ता और समर्पण सफलता की आधारशिला हैं। वे व्यक्तियों को बाधाओं को दूर करने, असफलताओं से सीखने और अपने लक्ष्यों पर ध्यान केंद्रित करने में सक्षम बनाते हैं। विकास की मानसिकता विकसित करके, यथार्थवादी लक्ष्य निर्धारित करके, एक सहायक नेटवर्क का निर्माण करके और लचीलेपन को अपनाकर, व्यक्ति अपने इच्छित परिणाम प्राप्त करने के लिए दृढ़ता और समर्पण की शक्ति का उपयोग कर सकते हैं। याद रखें, सफलता एक रात में मिलने वाली घटना नहीं है, बल्कि निरंतर प्रयास और अटूट प्रतिबद्धता का परिणाम है।

व्यक्तिगत विकास और स्वाधीनता

लक्ष्य प्राप्त करना व्यक्तिगत विकास और स्वतंत्रता का एक अनिवार्य हिस्सा है। लक्ष्य निर्धारित करने से हमें जीवन में दिशा, प्रेरणा और उद्देश्य की भावना मिलती है। यह हमें अपनी ऊर्जा और संसाधनों को उन चीज़ों पर केंद्रित करने में मदद करता है जो वास्तव में हमारे लिए मायने रखती हैंऔर हमें अपनी प्रगति को मापने और अपनी उपलब्धियों का जश्न मनाने में सक्षम बनाती हैं। इस लेख में, हम लक्ष्य निर्धारित करने के महत्व का पता लगाएंगेऔर व्यक्तिगत विकास और स्वतंत्रता के संदर्भ में उन्हें प्राप्त करने की रणनीतियों पर चर्चा करेंगे।

लक्ष्य निर्धारित करना व्यक्तिगत विकास और स्वतंत्रता की ओर पहला कदम है। स्पष्ट लक्ष्यों के बिना, खोया हुआ, अप्रेरित और अनिश्चित महसूस करना बताता है कि हम जीवन में क्या हासिल करना चाहते हैं। लक्ष्य हमें दिशा और उद्देश्य की भावना देते हैंऔर हमें अपने समय और ऊर्जा को उन गतिविधियों के लिए प्राथमिकता देने में मदद करते हैं जो हमारे मूल्यों और आकांक्षाओं के अनुरूप हों। वे सफलता के लिए एक रोडमैप प्रदान करते हैं, हमें हमारे वांछित परिणामों की ओर मार्गदर्शन करते हैं और हमें रास्ते में केंद्रित और प्रेरित रहने में मदद करते हैं।

लक्ष्य निर्धारित करते समय, उन्हें विशिष्ट, मापने योग्य, प्राप्त करने योग्य, प्रासंगिक और समयबद्ध (SMART) बनाना महत्वपूर्ण है। विशिष्ट लक्ष्य स्पष्ट और अच्छी तरह से परिभाषित होते हैं, जिससे कार्य योजना बनाना और उन्हें प्राप्त करने की दिशा में प्रगति को ट्रैक करना आसान हो जाता है। मापनीय लक्ष्यों के परिणाम मात्रात्मक होते हैं जिनका निष्पक्ष मूल्यांकन किया जा सकता है, जिससे हम अपनी प्रगति की निगरानी कर

सकते हैं और आवश्यकतानुसार समायोजन कर सकते हैं। प्राप्त करने योग्य लक्ष्य यथार्थवादी होते हैं और हमारी पहुँच के भीतर होते हैं, जो हमारे कौशल, संसाधनों और सीमाओं को ध्यान में रखते हैं। प्रासंगिक लक्ष्य सार्थक होते हैं और हमारे मूल्यों, रुचियों और दीर्घकालिक उद्देश्यों के साथ संरेखित होते हैं। समयबद्ध लक्ष्यों को पूरा करने के लिए एक समय सीमा होती है, जो ट्रैक पर बने रहने के लिए तत्परता और जवाबदेही की भावना प्रदान करती है। स्मार्ट लक्ष्य निर्धारित करने के अतिरिक्त, उन्हें छोटे, प्रबंधनीय कार्यों या मील के पत्थरों में तोड़ना महत्वपूर्ण है। यह हमें प्रेरित और केंद्रित रहने में मदद करता है, क्योंकि हम अपने बड़े लक्ष्यों की ओर प्रगति देख सकते हैं। लक्ष्यों को छोटे चरणों में तोड़कर, हम संभावित बाधाओं या चुनौतियों की पहचान भी कर सकते हैं जो उत्पन्न हो सकती हैंऔर उन्हें दूर करने के लिए रणनीति विकसित कर सकते हैं। यह दृष्टिकोण हमें प्रत्येक मील के पत्थर को प्राप्त करने के साथ गति और आत्मविश्वास का निर्माण करने की अनुमति देता है, जिससे उपलब्धि और सशक्तीकरण की भावना पैदा होती है। लक्ष्य प्राप्त करने का एक अन्य महत्वपूर्ण पहलू विकास की मानसिकता विकसित करना है। विकास की मानसिकता यह विश्वास है कि हमारी क्षमताओं और बुद्धिमत्ता को प्रयास, अभ्यास और सीखने के माध्यम से विकसित किया जा सकता है। यह मानसिकता हमें चुनौतियों को स्वीकार करने, असफलताओं का सामना करने में दृढ़ रहने और असफलताओं को विकास और सुधार के अवसरों के रूप में देखने के लिए प्रोत्साहित करती है। विकास की मानसिकता विकसित करके, हम आत्म-संदेह, असफलता के डर और सीमित विश्वासों पर काबू पा सकते हैं जो हमें अपने लक्ष्यों को प्राप्त करने से रोक सकते हैं। इसके बजाय, हम निरंतर सीखने, सुधार और आत्म-खोज पर ध्यान केंद्रित कर सकते हैं, जिससे व्यक्तिगत विकास और स्वतंत्रता प्राप्त होती है।

व्यक्तिगत विकास और स्वतंत्रता का समर्थन करने के लिए, दूसरों से प्रतिक्रिया और मार्गदर्शन प्राप्त करना महत्वपूर्ण है। यह हमारे रुचि के क्षेत्र में सलाहकारों, प्रशिक्षकों, साथियों या विशेषज्ञों से आ सकता है। प्रतिक्रिया हमें नए दृष्टिकोण प्राप्त करने, अंधे धब्बों की पहचान करने और दूसरों के अनुभवों और विशेषज्ञता से सीखने में मदद करती है। यह हमें अपने लक्ष्यों को प्राप्त करने की दिशा में प्रेरित और ट्रैक पर बने रहने में मदद करने के लिए प्रोत्साहन, समर्थन और जवाबदेही भी प्रदान कर सकता है। प्रतिक्रिया और मार्गदर्शन प्राप्त करके, हम अपने व्यक्तिगत विकास को गति दे सकते हैं, मूल्यवान अंतर्दृष्टि प्राप्त कर सकते हैं और सफल होने में हमारी मदद करने के लिए एक मजबूत समर्थन नेटवर्क बना सकते हैं।

प्रतिक्रिया प्राप्त करने के अतिरिक्त, आत्म-जागरूकता और आत्म-प्रतिबिंब विकसित करना महत्वपूर्ण है। आत्म-जागरूकता हमारे विचारों, भावनाओं, शक्तियों, कमजोरियों और मूल्यों को पहचानने और समझने की क्षमता है। यह हमें अपने लक्ष्यों, प्रेरणाओं और प्राथमिकताओं की पहचान करने और सूचित निर्णय लेने की अनुमति देता है जो हमारे प्रामाणिक स्व के साथ संरेखित होते हैं। आत्म-प्रतिबिंब में हमारे कार्यों, व्यवहारों और विकल्पों का आत्मनिरीक्षण, चिंतन और मूल्यांकन शामिल है। यह हमें अपने अनुभवों से सीखने, अपने लक्ष्यों की ओर अपनी प्रगति का आकलन करने और आवश्यकतानुसार अपनी योजनाओं और रणनीतियों में समायोजन करने में मदद करता है। आत्म-जागरूकता और आत्म-प्रतिबिंब विकसित करके, हम अपने व्यक्तिगत विकास को बढ़ा सकते हैं, अपने निर्णय लेने के कौशल में सुधार कर सकते हैं और चुनौतियों का सामना करने में लचीलापन और अनुकूलनशीलता का निर्माण कर सकते हैं।

व्यक्तिगत विकास और स्वतंत्रता के संदर्भ में लक्ष्यों को प्राप्त करने के लिए, लचीलापन, दृढ़ता और आत्म-अनुशासन विकसित करना

महत्वपूर्ण है। लचीलापन असफलताओं और प्रतिकूलताओं से उबरने और सकारात्मक दृष्टिकोण बनाए रखने की क्षमता है। इसमें चुनौतियों का सामना करते हुए केंद्रित, प्रेरित और दृढ़ रहना और बाधाओं को दूर करने के लिए रचनात्मक समाधान खोजना शामिल है। दृढ़ता हमारे लक्ष्यों की खोज में बने रहने और धीरज रखने की इच्छा है, भले ही कठिनाइयों, असफलताओं या देरी का सामना करना पड़े। इसके लिए धैर्य, दृढ़ संकल्प और अपने उद्देश्यों पर प्रतिबद्ध और केंद्रित रहने के लिए उद्देश्य की मजबूत भावना की आवश्यकता होती है। आत्म-अनुशासन हमारे आवेगों, भावनाओं और व्यवहारों को नियंत्रित करने और अपने लक्ष्यों और मूल्यों के प्रति प्रतिबद्ध रहने की क्षमता है। इसमें सीमाएँ निर्धारित करना, विकर्षणों का प्रबंधन करना और केंद्रित और उत्पादक बने रहने के लिए कार्यों को प्राथमिकता देना शामिल है।

लक्ष्य हासिल करना व्यक्तिगत विकास और स्वतंत्रता का एक मूलभूत पहलू है। स्मार्ट लक्ष्य निर्धारित करके, उन्हें छोटे-छोटे कार्यों में विभाजित करके, विकास की मानसिकता विकसित करके, प्रतिक्रिया और मार्गदर्शन प्राप्त करके, आत्म-जागरूकता और आत्म-प्रतिबिंब विकसित करकेऔर लचीलापन, दृढ़ता और आत्म-अनुशासन विकसित करके, हम बाधाओं को दूर कर सकते हैं, प्रेरित रह सकते हैं और अपने इच्छित परिणाम प्राप्त कर सकते हैं। लक्ष्य निर्धारित करने से हमें जीवन में दिशा, उद्देश्य और प्रेरणा मिलती हैऔर हमें व्यक्तियों के रूप में विकसित होने, सीखने और विकसित होने में सक्षम बनाता है। व्यक्तिगत विकास और स्वतंत्रता की यात्रा को अपनाकर, हम अपनी पूरी क्षमता को अनलॉक कर सकते हैं, अपने जुनून का पीछा कर सकते हैंऔर अपने लिए एक पूर्ण और सार्थक जीवन बना सकते हैं

स्वयंसेवा की महत्वता

एक समुदाय का एक सदस्य मानवीय सेवा के महत्व को समझता है और एक गरीब बच्चे के शिक्षाग्रहण के लिए स्वयंसेवा का कार्य करने का निर्णय लेता है। वह अपने समय और धन का उपयोग करके एक स्कूल संचालित करने का निर्माण करता है, जहां गरीब बच्चों को मुफ्त शिक्षा प्रदान की जाती है। उसने इस प्रक्रिया में अन्य समुदाय के सदस्यों को भी जोड़ा है जो इस कार्य को समर्थन करने और सम्पादन में सहायता करते हैं।

स्वयंसेवक ने अपने समुदाय को एक समर्पित संगठन बनाने के लिए प्रेरित किया है, जिसमें स्थानीय व्यापारी, शिक्षक, चिकित्सकऔर अन्य लोग शामिल होते हैं। इस संगठन ने स्वयंसेवा के माध्यम से न केवल शिक्षा प्रदान की है, बल्कि विद्यार्थियों के लिए पुस्तकालय, कंप्यूटर लैब, खेलकूद की सुविधाएं भी स्थापित की हैं। इस संगठन ने दान और छात्रवृत्ति की योजनाएं भी शुरु की हैं, जिससे गरीब छात्र अधिक आवश्यकतानुसारी शिक्षा प्राप्त कर सकते हैं।

यह स्वयंसेवी समुदाय की उदाहरण दिखाता है कि स्वयंसेवा कैसे एक सकारात्मक परिवर्तन ला सकती है। इसके माध्यम से गरीब बच्चे शिक्षा के अवसरों से लाभान्वित हो सकते हैं और समुदाय की समृद्धि का समर्थन कर सकते हैं। स्वयंसेवा न केवल समाज को समृद्ध बनाने में सहायता करती है, बल्कि स्वयंसेवा करने वाले व्यक्ति को भी आत्मसंतुष्टि और आनंद का अनुभव करने का अवसर प्रदान करती है।

स्वयंसेवा की महत्वता विस्तारपूर्वक व्यक्त करने के लिए हमें स्वयंसेवा के परिभाषा, इसके लाभऔर यह कैसे हमारे जीवन को समृद्ध बना सकती है, इस पर विचार करना चाहिए।

स्वयंसेवा को हम वह कार्य कह सकते हैं जिसमें हम अपने समय, समर्पणऔर योगदान के माध्यम से समाज के लिए सेवा करते हैं। यह एक महान कार्य है जो हमें स्वयं को और अपने सामाजिक माध्यम को समृद्ध बनाने का अवसर प्रदान करता है।

स्वयंसेवा करने के कई लाभ हैं। पहले, यह हमें स्वयं को और अपने सामाजिक माध्यम को एक सेवा केंद्र के रूप में देखने की क्षमता प्रदान करता है। इसके माध्यम से हम अपनी समाज सेवा के मार्ग पर चलते हैं, जो हमारी व्यक्तिगत और सामाजिक प्रगति में सहायता करता है।

दूसरे, स्वयंसेवा हमें दूसरों के प्रति साथ और समर्पण की भावना विकसित करने में सहायता करती है। जब हम स्वयंसेवा के माध्यम से अपने समाज के भागीदार बनते हैं, तो हम सामरिकता और समर्पण के मूल्यों को सीखते हैं। यह हमारे सामाजिक और सांस्कृतिक विकास को प्रोत्साहित करता है और समाज में सद्भावना और एकता को बढ़ावा देता है।

स्वयंसेवा अपने जीवन को समृद्ध बनाने का भी एक महत्वपूर्ण कारक है। यह हमें आत्मसंतुष्टि, अभिवृद्धिऔर स्वयंसाधारण महसूस करने की क्षमता प्रदान करता है। स्वयंसेवा करने से हम स्वयं को और दूसरों को सहायता करने का अवसर प्राप्त करते हैं, जो हमारे आत्मविश्वास और खुशी को बढ़ाता है। इसके साथ ही, स्वयंसेवा हमें नए कौशल और अनुभव प्राप्त करने का भी मौका देती है, जो हमारे व्यक्तिगत विकास में सहायता करता है।

सार्वभौमिक स्तर पर देखें तो, स्वयंसेवा समाज के लिए बड़ी महत्वपूर्ण है। जब अधिकांश लोग स्वयंसेवा में सहभागी होते हैं, तो समाज में सामरिकता, समर्पणऔर समानता का वातावरण बनता है। यह एक सामरिक और सहभागी समाज की नींव होती है जो समाज के हर व्यक्ति के लिए उपलब्ध होना चाहिए।

स्वयंसेवा करने के लिए हमें स्वयं के बाहर देखने की क्षमता

विकसित करनी पड़ती है। हमें अन्य लोगों के संघटन, आवश्यकताओंऔर समस्याओं के प्रति संवेदनशीलता और समझना आता है। इससे हमें अपने समाज के बारे में गहरी समझ प्राप्त होती है और हम उसे समृद्ध और समर्पित बनाने के लिए कार्रवाई कर सकते हैं।

इस प्रकार, स्वयंसेवा हमारे और समाज के लिए अनमोल होती है। यह हमें न केवल एक समर्पित और संतुष्ट जीवन जीने का अवसर देती है, बल्कि समाज को भी बेहतर बनाने का दायित्व सौंपती है। स्वयंसेवा से हमारा संबंध समृद्ध, संवेदनशीलऔर सहयोगपूर्ण बनता है, जो हमें एक समर्पित और परिपूर्ण जीवन का अनुभव करने में सहायता करता है। स्वयंसेवा से हम अपने आप को और अपने समाज को समृद्ध बनाने का अवसर प्राप्त करते हैं, जो समस्याओं का समाधान करता है, संघटनों का समर्थन करता हैऔर समाज के लोगों की जरूरतों को पूरा करता है। स्वयंसेवा से हम एक सामरिक और समर्पित समाज की नींव बना सकते हैं, जहां हर व्यक्ति को सम्मान, सहयोगऔर समान मौका मिलता है।

सहयोग और टीमवर्क

सहयोग और टीमवर्क: सफलता के लिए, सहयोग और टीमवर्क का महत्वपूर्ण योगदान होता है। सहयोग और टीमवर्क विभिन्न लोगों के साझा बुद्धिमत्ता, कौशल, संसाधन और कार्यभार को मिलाकर एक मजबूत और संगठित इकाई बनाते हैं। यह एक संयुक्त प्रयास है जो एकता, समर्पण और आपसी समझ को प्रोत्साहित करता है।

सहयोग और टीमवर्क की आवश्यकता हर क्षेत्र में होती है, चाहे वह सामाजिक, व्यापारिक, शैक्षिक या सरकारी हो। एक अच्छी टीम के सदस्य के रूप में, आप अपने कौशल और अनुभव का उपयोग करके अपने सहयोगी के लक्ष्य को पूरा करने में सहायता करते हैं। टीममेट्स के बीच जोड़बंदी, विश्वास, समझदारी और संयोजन विकसित करना आवश्यक होता है ताकि वे संगठित और समर्पित रूप से कार्य कर सकें।

टीमवर्क के कई फायदे होते हैं। यह अधिकतम उपयोग करता है, अधिकतम कार्यक्षमता और उत्पादकता प्रदान करता है। टीम के सदस्य एक-दूसरे के द्वारा ज्ञान, कौशल और अनुभव के साझा करने का लाभ उठा सकते हैं, जिससे समस्याओं का समाधान और नवीनतम विचारों का उत्पादन हो सकता है। टीम के सदस्य आपस में सहयोग करके अवसरों और चुनौतियों को संगठित तरीके से सामने ला सकते हैं और समूचे कार्यक्रम की सफलतापूर्वक पूरा कर सकते है। इस प्रकार, सहयोग और टीमवर्क के माध्यम से संगठित और सहयोगपूर्ण दृष्टिकोण से, आप समृद्ध और सफल नतीजों को प्राप्त कर सकते हैं। सहयोग और टीमवर्क से आप एक अधिक निरंतर और प्रभानी रूप से कार्य करने की क्षमता विकसित करते हैं और सामरिकता, समानता और सामर्थ्य के मूल्यों को प्रमोट करते हैं। सहयोग

और टीमवर्क की महत्वता को समझने के लिए, एक निम्नलिखित उदाहरण है।

एक विज्ञान परियोजना के लिए एक छात्र टीम बनाई गई है, जो एक नए द्रव्यमान के बारे में अध्ययन कर रही है। टीम में पांच सदस्य हैं, हर एक का अपना स्वयं का विशेष दायित्व है। पहले सदस्य विज्ञानी है, जो प्रयोग निर्धारित करता है और नए द्रव्यमान के गुणधर्मों का मूल्यांकन करता है। दूसरा सदस्य इंजीनियर है, जो प्रयोग के लिए उपकरण और यंत्रों की व्यवस्था करता है। तीसरा सदस्य लेखक है, जो परियोजना के लिए रिपोर्ट और प्रेजेंटेशन तैयार करता है। चौथा सदस्य 'डाटा' वैज्ञानिक है, जो 'डाटा' विश्लेषण करता है और प्राथमिक नतीजों को तैयार करता है। पांचवा सदस्य प्रबंधक है, जो कार्यक्रम को निर्धारित करता है, संपर्क स्थापित करता हैऔर टीम की समृद्धि की निगरानी करता है।

इस उदाहरण में, प्रत्येक सदस्य टीम के एक विशेष क्षेत्र में महारत रखता है और अपने योग्यतानुसार कार्य करता है। वे सहयोग करते हैं, ज्ञान और विवेक को संगठित करते हैंऔर परियोजना के सफल समाप्ति के लिए साथ में काम करते हैं। प्रत्येक सदस्य की योग्यताओं का उपयोग करके परियोजना की प्रगति पर प्रभाव डाला जाता है और एक उदाहरण अगर जारी रखें तो इस प्रकार हो सकता है:

एक कंप्यूटर सॉफ्टवेयर विकास टीम एक नया ऐप बना रही है। टीम में पांच सदस्य हैं: एक प्रोजेक्ट मैनेजर, एक डिज़ाइनर, एक प्रोग्रामर, एक टेस्टरऔर एक डॉक्यूमेंटर। प्रोजेक्ट मैनेजर टीम की निगरानी करता है, संपर्क स्थापित करता है और समयसीमा को प्रबंधित करता है। डिज़ाइनर ऐप के उपयोगकर्ता इंटरफेस और ग्राफिक्स को डिज़ाइन करता है। प्रोग्रामर कोड लिखता है और सॉफ्टवेयर को विकसित करता है। टेस्टर ऐप को परीक्षण करता है और बग्स को खोजता है। डॉक्यूमेंटर ऐप की विस्तारपूर्वक

विवरणिका और दस्तावेज़ीकरण तैयार करता है।

इस उदाहरण के तौर पर प्रोजेक्ट के संदर्भ में अनुभवी सदस्यों की टीम में एकजुट होती है। प्रत्येक सदस्य अपने क्षेत्र में विशेषज्ञ हैं और अपने क्षमतानुसार कार्य करते हैं। ये सदस्य एक-दूसरे के साथ सहयोग करते हैं, मानसिक और तकनीकी ज्ञान को साझा करते हैं और सॉफ़्टवेयर के विकास के लिए संगठित कार्य करते हैं। इसका परिणामस्वरूप, प्रोजेक्ट में प्रत्येक सदस्य का योगदान उनकी विशेषज्ञता और कौशल के आधार पर प्रभावी होता है।

टीमवर्क और सहयोग के माध्यम से, टीम एक समर्थनशील और समान मनोभाव वाली वातावरण में संगठित होती है, जो प्रोजेक्ट के सफल पूर्णांक के लिए महत्वपूर्ण होता है। सदस्यों के बीच उच्च स्तर पर संवाद और समान मनोभाव की अपेक्षा रखी जाती है, ताकि वे एक-दूसरे के विचारों को समझ सकें और एक साथ कार्य करने के लिए समर्पित रहें। इस प्रकार, टीम सदस्यों की विशेषज्ञता, कौशलऔर संगठनात्मक योग्यता का लाभ उठा सकती है और एक ऊर्जावान परियोजना माहौल प्रदान कर सकती है।

बहुत समय पहले, एक महान व्यापारी शहर में अपना व्यापार चला रहा था। उनका व्यापार बहुत सफल था और उन्हें बहुत सम्मान और धन की प्राप्ति हुई थी। लेकिन धीरे-धीरे, उनकी कंपनी में समस्याएं आने लगीं और उनका व्यापार नुकसान करने लगा।

व्यापारी ने अपने सभी सलाहकारों और अधिकारियों को बुलाया और एक बैठक बुलाई। उन्होंने उनसे कहा, 'मेरे पास बहुत सारा धन हो सकता है, लेकिन मेरे पास एक चीज़ की कमी है-सहयोग और टीमवर्क। हमें एक दूसरे का सहारा और समर्थन करना चाहिए ताकि हम अपने लक्ष्यों को प्राप्त कर सकें। क्या आप सहमत हैं?'

सभी लोग एकजुट हो गए और वे एक टीम बनाने का फैसला

लिया। वे एक नयी सोच, सहयोग और संगठन के साथ काम करने लगे। उन्होंने एक ताकतवर टीम बनाई जिसमें प्रत्येक सदस्य की योग्यता और क्षमता को महत्व दिया गया। वे एक-दूसरे के साथ मिलकर काम करने लगे, समस्याओं को साझा किया और उन्हें एक साथ हल करने का प्रयास किया। इस नई टीमवर्क के परिणामस्वरूप, व्यापारी की कंपनी को नई ऊंचाइयों तक पहुंचने में सफलता मिली। सभी लोग एक-दूसरे के विश्वास, समर्थन और सहयोग के साथ काम करने लगे और उन्होंने अपने लक्ष्यों को प्राप्त कर लिया।

यह कहानी हमें सिखाती है कि सहयोग और टीमवर्क कितना महत्वपूर्ण हो सकता है। जब हम एक विशेष लक्ष्य को प्राप्त करने की कोशिश कर रहे होते हैं, तो अकेले होने की बजाय यदि हम एक टीम के साथ मिलकर काम करते हैं, तो हमारे पास अधिक संसाधन, विचारशक्ति और समर्थन होता है। सहयोग और टीमवर्क हमें दृढ़ता, समर्पण और संगठनशीलता के साथ अपने लक्ष्यों की प्राप्ति करने में सहायता कर सकते हैं।

समय प्रबंधन

समय प्रबंधन में उदाहरण देना है जब एक व्यक्ति अपने काम को समय सीमा के अंदर पूरा करता है और अपने समय का सही तरीके से उपयोग करता है। उदाहरण के रूप में, एक व्यापारी जो नियमित रूप से अपने कार्यक्रम को व्यवस्थित रखता है, अपने कार्यों को संगठित रूप से करता है और अपने लक्ष्यों को पूरा करने के लिए समय का प्रबंधन करता है, उसे समय प्रबंधन के उदाहरण के रूप में देखा जा सकता है। इसके अतिरिक्त, एक छात्र जो अपने पढ़ाई के लिए समय निकालता है, नियमित रूप से पढ़ाई करता है और परीक्षा के लिए समय समय पर तैयारी करता है, वह भी समय प्रबंधन के उदाहरण के रूप में देखा जा सकता है।

प्रतिदिन हमारे पास निश्चित संख्या में घंटे, मिनट और सेकंड होते हैंऔर हमारी जिंदगी की प्रतिस्पर्धा में, हमें समय को सबसे बेहतर ढंग से प्रयोग करने की आवश्यकता होती है। यहां 'समय प्रबंधन' का प्रासंगिक विषय उठाया जा रहा है। समय प्रबंधन एक कौशल है जो हमें हमारे समय को संगठित करने और उपयोग करने में सहायता करता है ताकि हम अपने लक्ष्यों की प्राथमिकताओं पर ध्यान केंद्रित कर सकें।

समय प्रबंधन क्यों महत्वपूर्ण है? ध्यान देने योग्य समय प्रबंधन हमारे जीवन के कई पहलुओं पर सकारात्मक प्रभाव डालता है। पहले तो, यह हमें सक्रिय, उत्पादक और संगठित बनाता है। यदि हम समय को ठीक से प्रबंधित नहीं करते हैं, तो हम अपने कार्यों को पूरा नहीं कर पाते हैं और अपर्याप्त समय की वजह से तनाव महसूस करते हैं।

समय प्रबंधन का आदर्श लक्ष्य है कि हम निर्धारित समय सीमा के भीतर निरंतरता के साथ काम करें और अपने कार्यों को अनुकूलित करें,

ताकि हम प्रतिस्पर्धा में अग्रणी बन सकें। समय प्रबंधन के द्वारा हम अपने लक्ष्यों, करियर, परिवार, स्वास्थ्यऔर मनोरंजन के बीच संतुलन स्थापित कर सकते हैं।

समय प्रबंधन: समय प्रबंधन एक महत्वपूर्ण कौशल है जो हमारे जीवन में उच्चतम प्राथमिकता के तौर पर आने चाहिए। समय एक अनमोल संसाधन है जिसे हमें समझना, मूल्यांकन करनाऔर उचित रूप से प्रबंधित करना चाहिए। यदि हम समय को सवारी के रूप में देखें, तो हमें इसे संयमित और उपयोगी ढंग से नियंत्रित करना चाहिए ताकि हम अपने लक्ष्यों और संकल्पों को प्राप्त कर सकें।

समय का महत्व समझने के लिए, हमें उसकी मान्यता करनी चाहिए कि समय अमूल्य है और हमारे पास सीमित होता है। यदि हम उसे सही ढंग से उपयोग नहीं करते हैं तो हम सतत तनाव, अस्वस्थताऔर असफलता का सामना कर सकते हैं। समय का उपयोग करने के लिए, हमें उचित नियोजन, अनुकूलताऔर उपस्थिति की आवश्यकता होती है।

समय प्रबंधन के लिए कुछ महत्वपूर्ण सिद्धांत हैं जो हमें अपने समय को बेहतर ढंग से प्रबंधित करने में हमारी सहायता करते हैं :

प्राथमिकताओं का निर्धारण करें: अपने जीवन के महत्वपूर्ण क्षेत्रों को पहचानें और उन्हें अपनी प्राथमिकताओं के आधार पर व्यवस्थित करें। इससे आप अपने समय को उचित रूप से वितरित कर सकते हैं और अपने लक्ष्यों की प्राप्ति में सक्षम होंगे।

एक निर्धारित योजना बनाएं: अपने दैनिक, साप्ताहिक और मासिक कार्यक्रम को निर्धारित करें। यह आपको अपने समय को संगठित और योजित रखने में सहायता करेगा। योजना बनाने के दौरान अपने महत्वपूर्ण कार्यों के लिए पर्याप्त समय बचाएं, लेकिन सुनिश्चित रखें कि आपकी योजना व्यवस्थित और व्यापक हो।

समय की सीमा तय करें: हमेशा अपने कार्यों के लिए एक समय सीमा निर्धारित करें। इससे आपको अपने कार्यों पर ध्यान केंद्रित करने में सहायता मिलेगी और समय की बर्बादी को रोकेगी। अपने कार्यों के लिए निर्धारित समय सीमा में उन्हें पूरा करने का प्रयास करें और फिर आगे बढ़ें।

विलम्ब को कम करें: समय का उपयोग करते समय विलम्ब को कम करने का प्रयास करें। विलम्ब कारण बन सकता है कि हम अपने कार्यों को समय पर पूरा नहीं कर पाते हैं और तनाव का कारण बनता है। अपने समय को सतत रूप से मॉनिटर करें और विलम्ब की स्थिति में उपयुक्त कार्रवाई लें।

प्रकाश का महत्व

प्रकाश का महत्व आपने सही कहा है। प्रकाश हमारे जीवन के एक महत्वपूर्ण पहलू है जो हमें प्रकाशमय बनाती है और हमारी जीवनशैली को सुंदर और उत्कृष्ट बनाती है। प्रकाश के बिना हम अंधकार में चलते हैं और अपने जीवन के महत्वपूर्ण पहलूओं को नहीं देख पाते हैं।

प्रकाश हमारे जीवन में अनेक प्रकार से महत्वपूर्ण होती है। पहले तो यह हमें दिशा और दृष्टि प्रदान करती है। जैसे कि सूर्य की किरणें हमें रास्ता दिखाती हैं, वैसे ही जीवन में प्रकाश हमें सही मार्ग दिखाती है। यह हमें अपने लक्ष्यों और मकसदों की प्राप्ति के लिए सही निर्देशन प्रदान करती है।

दूसरे, प्रकाश हमें ज्ञान, बुद्धि, समझऔर सत्य की ओर आग्रह करती है। जब हमारा मन और चित्त प्रकाशित होते हैं, तब हम संदेहों और अंधकार से मुक्त होकर सच्चाई को स्वीकार कर सकते हैं। रोशनी के प्रकाश में हमें विचारों की प्रकटता होती है और हम अपने जीवन में सत्यापन कर सकते हैं।

प्रकाश के बिना हम जीवन के महत्वपूर्ण तत्वों को समझने में कठिनाई और अस्पष्टता का सामना करते हैं। हम अपने आसपास की सौंदर्य, प्रेम, समृद्धिऔर सुख को नहीं देख पाते हैं। प्रकाश हमें जीवन के महत्वपूर्ण पहलूओं को उपलब्ध कराती है जैसे कि प्रेम, समर्पण, सम्पर्कऔर सच्ची प्रसन्नता :

प्रकाश का महत्व हमारे जीवन में अत्यंत महत्वपूर्ण होता है। प्रकाश हमें विश्वास, उम्मीद और प्रकाश की अनुभूति प्रदान करती है। जब हम रोशनी के प्रकाश में बढ़ते हैं, तो हमारी दृष्टि स्पष्ट होती है और हम अपने लक्ष्यों की ओर आगे बढ़ सकते हैं।

प्रकाश के बिना, हम अंधकार में रहते हैं और उद्दीपन के बिना हमारा जीवन अनर्थकारी हो जाता है। रोशनी हमें अपने आस-पास के साथियों के साथ संवाद करने, समय को अच्छी तरीके से बितानेऔर नये और स्पष्ट दिशानिर्देश प्राप्त करने में सहायता करती है।

रोशनी न केवल बाहरी आवरण को प्रभावित करती है, बल्कि यह हमारे आंतरिक जीवन को भी प्रभावित करती है। यह हमारे अंतरंग विचारों और भावनाओं को प्रकाशित करती है और हमें सत्य, समझऔर सच्चाई की ओर आग्रह करती है। रोशनी के प्रकाश में हम अपने अस्तित्व को समझ सकते हैं और उसे विकसित करने का समर्थन कर सकते हैं।

आध्यात्मिक अर्थ में भी, प्रकाश हमारे जीवन में महत्वपूर्ण है। यह हमें अनंतता, ऊर्जाऔर आनंद के स्रोत के रूप में जानने का अवसर देती है। जब हम रोशनी के प्रकाश में रहते हैं, तो हम सच्ची खुशी, आनंद और समृद्धि का अनुभव करते हैं। इसलिए, प्रकाश हमारे जीवन का महत्वपूर्ण एकंग्री अंश है, जो हमें आनंदपूर्वक जीने के लिए प्रेरित करता है।

आध्यात्मिक रूप से प्रकाश हमें आत्म-साक्षात्कार और आध्यात्मिक विकास की ओर आग्रह करती है। जब हम अपनी आंतरिक दुःखों, अस्थायीता और मोह के अंधकार से परे निकलते हैं, तो हम आत्मा के प्रकाश में स्थित होते हैं। प्रकाश हमें अपने सात्विक गुणों और आंतरिक सत्य को पहचानने में सहायता करती है। इससे हम अपने अस्तित्व के मूल्यांकन करते हैं और सार्वभौमिक अस्तित्व के साथ अपनी आत्मा के साथ जुड़ जाते हैं।

प्रकाश का आध्यात्मिक महत्व यह भी है कि यह हमें सच्ची खुशी और आनंद के स्रोत के रूप में जानने का अवसर देती है। जब हम रोशनी के प्रकाश में रहते हैं, तो हम अपने आंतरिक आनंद को पहचानते हैं और सार्वभौमिक आनंद में लीन होते हैं। यह हमें एक ऊर्जावान, प्रफुल्लित और

संतुष्ट जीवन जीने की क्षमता प्रदान करती है। प्रकाश के प्रकाश में हम अपने अंतरंग शांतऔर स्थिरता को प्राप्त करते हैं और इससे हमारे जीवन में आनंद की गहराई का अनुभव होता है। इसलिए, प्रकाश हमें आनंदपूर्वक और प्रशांत जीवन जीने के लिए उत्साहित करती है।

इसके अतिरिक्त, प्रकाश हमें अनंतता के स्रोत के रूप में भी जानने का अवसर देती है। जब हम रोशनी के प्रकाश में रहते हैं, तो हम अपने सीमित मानसिक मतभेदों से पार निकलते हैं और सर्वव्यापीता की अनुभूति करते हैं। हम अपने असीमित पोटेंशियल को जानते हैं और अपने संगठनिक और व्यक्तिगत सीमाओं से आगे बढ़ते हैं। प्रकाश हमें व्यापक दृष्टिकोण, समरसता और असीमित संभावनाओं की अनुभूति कराती है।

इस प्रकार, प्रकाश हमारे जीवन का महत्वपूर्ण एकंग्री अंश है, जो हमें आनंदपूर्वक और प्रशांत जीवन जीने के लिए प्रेरित करती है, हमें अपने आंतरिक सत्य को पहचानने में सहायता करती है और हमें अनंतता और ऊर्जा के स्रोत के रूप में जानने का अवसर देती है। इसलिए, हमें प्रकाश को अपने जीवन में महत्वपूर्ण स्थान देना चाहिए ताकि हम सच्चे आनंद और प्रगाढ़ता का अनुभव कर सकें।

प्रकाश का महत्व' विषय से सम्बंधित एक वृत्तांत है।एक गांव में एक छोटी सी लड़की नाम रिया रहती थी। वह बहुत खुशनुमा और उत्साही बच्ची थी, लेकिन उसके चेहरे पर एक दुष्कर्म के कारण एक घना तिल था। यह तिल उसके चेहरे की रोशनी को ढंक रहा था और वह इसे देखकर हमेशा उदास और असुरक्षित महसूस करती थी।

एक दिन, रिया को उसके गांव के एक वैद्य से मिलने का मौका मिला। वैद्य ने रिया की समस्या को समझा और उसे यह समझाया कि वह एक सर्जरी के माध्यम से अपने चेहरे से तिल को हटा सकती है। यह सुनकर रिया की आँखों में उम्मीद की किरण जगमगाई।

रिया ने सर्जरी के लिए तैयार होने का निर्णय लिया, लेकिन उसके दोस्त सिमरन ने उसे रोका और कहा, 'रिया, तुम एक अद्वितीय और सुंदर इंसान हो। वह तिल तुम्हारी व्यक्तित्व का अभिन्न हिस्सा बन गया है। यह उसे खास और अलग बनाता है। तुम्हे अपने अंदर की रोशनी को स्वीकारना चाहिए और स्वयं को पूर्णता के रूप में स्वीकारना चाहिए।'

रिया ने सिमरन की बातों पर विचार किया और उसने अपना निर्णय बदल दिया। उसने सर्जरी की जगह अपनी स्वयं की स्वीकृति की। वह अपने चेहरे के तिल को गर्व के साथ धारण करने लगी और उसे अपना विशेषता मानने लगी।

जब रिया ने यह नया दृष्टिकोण अपनाया, तो उसकी रोशनी बहुत जल्द बढ़नी लगी। उसकी सुरुचिपूर्ण और सतही व्यक्तित्वता लोगों को आकर्षित करने लगी और उन्हें प्रेरणा देने लगी। लोग उसे एक मिसाल के रूप में देखने लगे और उसकी साहसिकता और स्वाभाविक सुंदरता की प्रशंसा करने लगे।

रिया ने अपने जीवन में बड़े लक्ष्य प्राप्त करने के लिए एक अद्वितीय पहचान बनाई। उसने अपने दुष्कर्म को अपनी प्रेरणा बनाया और अपने अंदर की ताकत को खोज निकाला। वह एक प्रेरणास्रोत बन गई और अपने आसपास के लोगों को यह सिखाने लगी कि हमारी असामान्यता ही हमें अद्वितीय बनाती है।

इस कहानी से प्रकट होता है कि हमें अपनी अंदर की रोशनी को स्वीकारना चाहिए और अपने विशेषताओं को मन्यता देनी चाहिए। हमारी अनूठापन हमें अलग बनाती है और हमें लक्ष्य की ओर आगे बढ़ने में सहायता करती है। इसलिए, प्रकाश का महत्व है कि हम स्वयं को स्वीकारें और अपने विशेषताओं की प्रशंसा करें ताकि हग अपने लक्ष्य को प्राप्त कर सकें।

स्वास्थ्य और सुख

स्वास्थ्य और सुख: स्वास्थ्य और सुख हमारे जीवन के अनमोल धन हैं। इस अनुभाग में, शारीरिक, मानसिक और आध्यात्मिक स्वास्थ्य के लिए सुझाव, स्वस्थ जीवनशैली के फायदेऔर सुख और आनंद के मार्ग पर विचार किया जा सकता है।

शारीरिक स्वास्थ्य: शारीरिक स्वास्थ्य का ध्यान रखना हमारे जीवन में महत्वपूर्ण है। नियमित शारीरिक व्यायाम, सही आहार, पर्याप्त नींद और तंबाकू और अत्यधिक शराब की छूट इसमें सहायक हो सकती हैं। उदाहरण के लिए, आप प्रतिदिन कम से कम 30 मिनट की व्यायाम कर सकते हैं, जैसे कि योगा, चलना, भागना आदि। इसके अतिरिक्त, स्वस्थ आहार खाना महत्वपूर्ण है, जिसमें फल, सब्जियां, पूर्ण अनाजऔर पर्याप्त पानी शामिल होना चाहिए। ये सभी उपाय हमारे शारीरिक स्वास्थ्य को बढ़ावा देते हैं और हमें ऊर्जा और संतुष्टि की अनुभूति कराते हैं।

मानसिक स्वास्थ्य: मानसिक स्वास्थ्य को बनाए रखना हमारे जीवन में खुशहाली का मार्ग निर्धारित करता है। ध्यान, मेडिटेशनऔर मनोयोग जैसे तकनीकें मानसिक शांति और स्थिरता को प्राप्त करने में सहायता कर सकती हैं। सकारात्मक सोच और मनोशांति के लिए अपने दिन की शुरुआत मंत्र जाप, आभासी योग, या आध्यात्मिक पाठ जैसी अभ्यासों का अनुसरण कर सकते हैं। इन तक नव्यायाम, स्वास्थ्यप्रद रिश्तों का संचार करना, स्वतंत्रता और समय के नियंत्रण पर ध्यान देना भी मानसिक स्वास्थ्य को सुधारने में सहायक हो सकता है।

आध्यात्मिक स्वास्थ्य: आध्यात्मिक स्वास्थ्य के विकास से हम अपने जीवन को एक ऊँचा स्तर पर ले जा सकते हैं। यह मन की शांति, स्वयं

के साथीकरण, अंतर्मुखता और उदारता के विकास को समर्थन करता है। योग, मन्त्र जाप, प्रार्थना, साधना और संत संगत के माध्यम से आध्यात्मिक स्वास्थ्य को बढ़ावा दिया जा सकता है। इससे हमें उच्चतम आनंद, शांति और प्रकाश की अनुभूति होती है जो हमारे जीवन को महत्वपूर्ण और सत्यापन्न बनाती है।

स्वस्थ जीवनशैली के फायदे: स्वस्थ जीवनशैली का पालन करने से हमें विभिन्न तरह के लाभ मिलते हैं। यह हमारे शारीरिक, मानसिक और आध्यात्मिक अस्थायित्व को कम करता है और हमें प्राकृतिक रूप से स्वस्थ और सुखी बनाता है। स्वस्थ जीवनशैली अवश्यक ऊर्जा स्तर को बढ़ाती है, रोगों से बचाती है, मन को स्थिर रखती हैऔर आनंद को बढ़ाती है। यह हमें निरंतरता, उच्चतम पद की प्राप्ति और समृद्धि की ओर प्रेरित करती है।

सुख और आनंद के मार्ग: सुख और आनंद के प्राप्ति के लिए हमें अपने जीवन में कुछ मार्ग अपनाने चाहिए। इसमें अनुशासन, संतुष्टि शारीरिक, मानसिकऔर आध्यात्मिक स्वास्थ्य का ध्यान रखना अत्यंत महत्वपूर्ण है। इसके अतिरिक्त, निम्नलिखित मार्ग हमें सुख और आनंद की ओर अग्रसर करने में सहायता कर सकते हैं:

अनुशासन: अनुशासन अपने जीवन में एक महत्वपूर्ण गुण है जो हमें आदेश, नियमोंऔर संयम का पालन करने में सहायता करता है। यह हमें स्वयं को संयमित रखने, स्वास्थ्यप्रद जीवनशैली के नियमों का पालन करनेऔर अपने लक्ष्यों की प्राप्ति के लिए समर्पित रहने में सहायता करता है।

संतुष्टि: संतुष्टि एक आदर्श गुण है, जो हमें वर्तमान में संतुष्ट रहने की कला सिखाता है। यह हमें आनंद की अनुभूति करने और जीवन की सुख-शांति को स्वीकारने में सहायता करता है। संतुष्टि की प्राप्ति के लिए, हमें अपनी आवश्यकताओं को समझना, धन्यवाद प्रकट करनाऔर अपने जीवन के लक्ष्यों को प्राथमिकता देना चाहिए। यह हमें ग्रहणशीलता और

संयम में सुधार करने में सहायता करता है।

सामर्थ्य और सेवा: स्वयं के साथीकरण और अपनी सेवा करने के माध्यम से हम आनंद की अनुभूति कर सकते हैं। यह हमें अपने आप को ऊँचा करने और अपने जीवन को एक प्रकार के उद्दीपना से भरने में सहायता करता है। हमें अपने क्षमताओं का समय-समय पर समीक्षा करनी चाहिए और दूसरों की सेवा करने के लिए समर्पित होने चाहिए। इससे हम अपने आप में आनंद और संतुष्टि का अनुभव करते हैं और अपने आसपास के लोगों की सहायता करके सामर्थ्य विकसित करते हैं।

मनन: मनन एक ध्यान की प्रक्रिया है जो हमें अपनी मानसिक स्थिति को स्थिर और शांत रखने में सहायता करती है। यह हमें आत्मचिंतन, ध्यान और मनोयोग के माध्यम से अपने आंतरिक सत्ता के साथ जुड़ने की क्षमता प्रदान करती है। मनन के लिए, हम ध्यान का अभ्यास कर सकते हैं, मन्त्र जाप कर सकते हैं और धारणा और प्राणायाम की प्रक्रियाओं को अपना सकते हैं।

संयम: संयम एक मानसिक गुण है जो हमें अपनी इच्छाओं, भावनाओं और वांछाओं को नियंत्रित करने में सहायता करता है। यह हमें अपने मन की व्यापारिकता को कम करने और शांति और स्थिरता को प्राप्त करने में सहायता करता है। संयम की प्राप्ति के लिए, हमें अपनी इंद्रियों को नियंत्रित करना और मन की शांति को बढ़ाने के लिए मेधावी व्यायाम, मनोमय अभ्यासऔर मन की शुद्धि के तरीकों का अभ्यास करना चाहिए।

याद रखें, ये मार्ग सुख और आनंद की प्राप्ति के लिए साधारण दिशानिर्देश हैं। हर व्यक्ति अपने अनुभव और आवश्यकताओं के आधार पर इन मार्गों को अपनाने के लिए अनुकूलता कर सकता है। इन मार्गों को अपनाकर आप अपने जीवन में सुख और आनंद को प्राप्त करने की दिशा में अग्रसर हो सकते हैं।

समाज सेवा और उसकी महत्वपूर्णता

लक्ष्य निर्धारित करना व्यक्तिगत और व्यावसायिक विकास का एक अनिवार्य हिस्सा है। यह हमें दिशा, प्रेरणा और उद्देश्य की भावना देता है। हालाँकि, इन लक्ष्यों को प्राप्त करना कभी-कभी चुनौतीपूर्ण हो सकता है, खासकर जब हम इसे अकेले करने की कोशिश करते हैं। यहीं पर सामुदायिक सेवा की भूमिका आती है। दूसरों को लाभ पहुँचाने वाली गतिविधियों में शामिल होकर, हम न केवल अपने समाज की भलाई में योगदान देते हैं, बल्कि अपने व्यक्तिगत विकास और विकास को भी बढ़ाते हैं।

सामुदायिक सेवा को व्यक्तियों या समूहों द्वारा दूसरों की मदद करने या अपने समुदाय को बेहतर बनाने के लिए किए गए स्वैच्छिक कार्य के रूप में परिभाषित किया जाता है। यह कई रूप ले सकता है, जैसे कि किसी स्थानीय चैरिटी में स्वयंसेवा करना, धन उगाहने वाले कार्यक्रम का आयोजन करना या सफाई अभियान में भाग लेना। विशिष्ट गतिविधि के बावजूद, सामुदायिक सेवा का अंतर्निहित लक्ष्य दूसरों और पूरे समुदाय के जीवन पर सकारात्मक प्रभाव डालना है।

सामुदायिक सेवा में शामिल होने का एक प्रमुख लाभ दूसरों से जुड़ने और संबंध बनाने का अवसर है। एक सामान्य लक्ष्य की दिशा में एक साथ काम करके, व्यक्ति सौहार्द और टीम वर्क की भावना विकसित कर सकते हैं। इससे न केवल जुड़ाव और सामुदायिक भावना को बढ़ावा मिलता है, बल्कि व्यक्तियों को संचार, सहानुभूति और सहयोग जैसे महत्वपूर्ण सामाजिक कौशल विकसित करने में भी मदद मिलती है।

इसके अतिरिक्त, सामुदायिक सेवा व्यक्तियों को उद्देश्य और पूर्ति

की भावना प्रदान करती है। दूसरों की मदद करके और उनके जीवन में बदलाव लाकर, व्यक्ति उपलब्धि और संतुष्टि की भावना का अनुभव कर सकते हैं। इससे उनका आत्म-सम्मान और आत्मविश्वास बढ़ सकता है, साथ ही उन्हें अपने जीवन में अर्थ और दिशा की भावना भी मिल सकती है।

व्यक्तिगत विकास और विकास के अतिरिक्त, सामुदायिक सेवा का पूरे समाज पर भी सकारात्मक प्रभाव पड़ता है। अपना समय और संसाधन स्वेच्छा से देकर, व्यक्ति महत्वपूर्ण सामाजिक मुद्दों को संबोधित कर सकते हैं और अपने समुदाय की भलाई में योगदान दे सकते हैं। इससे एक अधिक समावेशी और दयालु समाज बनाने में मदद मिल सकती है, जहाँ सभी को फलने-फूलने और सफल होने का अवसर मिले।

इसके अतिरिक्त, सामुदायिक सेवा व्यक्तियों को उनके व्यक्तिगत लक्ष्य हासिल करने में भी मदद कर सकती है। दूसरों को लाभ पहुँचाने वाली गतिविधियों में शामिल होकर, व्यक्ति महत्वपूर्ण कौशल और गुण विकसित कर सकते हैं जो उनके व्यक्तिगत और पेशेवर जीवन में सफलता के लिए आवश्यक हैं। उदाहरण के लिए, किसी स्थानीय चैरिटी में स्वयंसेवा करने से व्यक्तियों को नेतृत्व कौशल, संगठनात्मक कौशल और समस्या-समाधान क्षमताएँ विकसित करने में मदद मिल सकती है। ये कौशल उनके लक्ष्यों को प्राप्त करने और उनके करियर को आगे बढ़ाने में मूल्यवान संपत्ति हो सकते हैं। सामुदायिक सेवा के माध्यम से लक्ष्य प्राप्त करना दूसरों के जीवन और समग्र रूप से समुदाय पर सकारात्मक प्रभाव डालने का एक शक्तिशाली तरीका है। दूसरों को लाभ पहुँचाने वाली गतिविधियों में शामिल होकर, व्यक्ति महत्वपूर्ण कौशल विकसित कर सकते हैं, संबंध बना सकते हैं और समाज की भलाई में योगदान दे सकते हैं। यह न केवल व्यक्तिगत विकास को बढ़ाता है बल्कि व्यक्तियों को अपने लक्ष्यों को प्राप्त करने और पूर्ण जीवन जीने में भी मदद करता है। इसलिए, व्यक्तियों को अपने लक्ष्यों को प्राप्त करने

और दुनिया में बदलाव लाने के तरीके के रूप में सामुदायिक सेवा को अपने जीवन में शामिल करने पर विचार करना चाहिए।

नए अनुभवों की खोज

नए अनुभवों की खोज: जीवन में नई चुनौतियों और अनुभवों का आनंद लेना महत्वपूर्ण होता है। इस अनुभाग में, नए अनुभवों की खोज के लिए प्रेरणा, उनके माध्यम से सीखने का महत्वऔर इन अनुभवों को अपने जीवन में शामिल करने के लिए तकनीकों पर विचार किया जा सकता है।

जीवन एक अनंत सफर है जिसमें हमें नए और अनजाने अनुभवों का सामना करना पड़ता है। यह अनुभव हमारे जीवन को रंगीन और महत्वपूर्ण बनाते हैं। नए अनुभव हमें मनोरंजन के साथ-साथ आत्मविश्वास, समृद्धि और संघर्ष से निपटने की क्षमता भी प्रदान करते हैं। इसलिए, हमें नए अनुभवों की खोज करने की निरंतर इच्छा रखनी चाहिए।

प्रेरणा नए अनुभवों की खोज का मुख्य स्रोत होती है। हमारे आसपास की दुनिया में अनगिनत अवसर और सामरिकताएं हैं जो हमें बढ़ने और विकास करने के लिए प्रेरित करती हैं। यह संभव है कि हम कभी-कभी अपने सामान्य सीमित सोच पर आस्था करते हैं और हमें अनजाने से विचारों और अनुभवों की ओर ध्यान नहीं देते हैं। इसलिए, हमें अपने आसपास के लोगों और जगहों से प्रेरणा लेनी चाहिए और नई चुनौतियों की ओर अपना ध्यान मोड़ना चाहिए।

नए अनुभवों के माध्यम से सीखना इसका एक और महत्वपूर्ण पहलू है। जब हम नए अनुभवों के साथ सामरिकता करते हैं, तो हम नए ज्ञान, कौशल और अनुभव प्राप्त करते हैं। हम अपनी सीमित सोच को छोड़कर नई सोच के माध्यम से स्वयं को विकसित करते हैं। नए अनुभवों के माध्यम से हम अपनी योग्यता को सीमित नहीं रखते हैं, बल्कि हमारी सोच और कार्य क्षमता को विस्तारित करते हैं। यह हमें अनुकूलता और सहजता

का अनुभव करने की क्षमता प्रदान करता है और हमें अपने जीवन के नए क्षेत्रों में समाधान ढूंढने में सहायता करता है।

इन नए अनुभवों को अपने जीवन में शामिल करने के लिए कुछ तकनीकों का उपयोग किया जा सकता है। आधुनिक दुनिया में हमारे पास विभिन्न तकनीकी और शिक्षात्मक साधन हैं जो हमें नए अनुभवों की खोज में सहायता कर सकते हैं। हम वेबसाइटों, ऐप्स, सोशल मीडिया, यात्रा गाइडऔर अन्य स्रोतों का उपयोग करके नई जगहों के बारे में जानकारी प्राप्त कर सकते हैं। हम नए अनुभवों के लिए आयोजनों, संगठनों या समुदायों से जुड़ सकते हैं जो हमें नए कौशल और गतिविधियों का अनुभव करने का मौका देते हैं। हम नए अनुभवों के लिए योजनाबद्ध यात्राएँ और साहसिक कार्यक्रमों में भाग ले सकते हैं।

इस प्रकार, नए अनुभवों की खोज हमारे जीवन को विस्तृत करती है, हमें नये दृष्टिकोण प्रदान करती है। नए अनुभव हमें नए लोगों, संकेत-स्थलों, कला और संस्कृति, विचार और मूल्यों के साथ परिचय करवाते हैं। हम नए संगीत, किताबें, फिल्में और खानपान के अनुभव से रुचि प्राप्त करते हैं। इसके अतिरिक्त, नए अनुभव हमारे मनोभाव, विचार और दृष्टिकोण को सुधारते हैं और हमें नई परिष्कृति देते हैं जो हमारी सोच और जीवन दृष्टि को विस्तारित करती है। नए अनुभवों की खोज हमें अपने आप को खोजने और परिवर्तन करने का अवसर प्रदान करती है और हमारे जीवन को गहराई और मायने देती है।

आत्म-प्रेम और सेल्फ-केयर

एक बार की बात है, एक युवा लड़की नाम लिया अपूर्णा अपने जीवन में बहुत तनाव और चिंताओं से घिरी रहती थी। उसके दिन काम के तनाव से भरे हुए थे और रात को वह नींद की अभाव से पीड़ित थी। उसकी सेहत भी खराब हो रही थी और उसके संबंध भी प्रभावित हो रहे थे।

एक दिन, अपूर्णा ने एक आत्म-सचेतनता कार्यक्रम में भाग लिया, जहां उसे सेल्फ-केयर और आत्म-प्रेम के बारे में जानने का मौका मिला। वहां उसे यह समझ में आया कि उसकी स्वयं की देखभाल करना और आत्म-प्रेम करना उसके जीवन के लिए आवश्यक है।

अपूर्णा ने इस नई जागरूकता का उपयोग करते हुए स्वयं की देखभाल करने के लिए कई उपाय अपनाए। उसने नियमित रूप से योग और ध्यान का अभ्यास शुरू किया, जिससे उसका मानसिक तनाव कम हुआ और उसकी चिंताएं दूर हुईं। उसने अपने आहार में सुधार किया और स्वस्थ आहार खाने का प्रयास किया। उसने नियमित रूप से व्यायाम किया और स्वास्थ्य में सुधार देखा।

वह अपने आप के प्रति प्यार और सम्मान के लाभों को भी महसूस करने लगी। वह अपने दिन की शुरुआत मानसिक शांति और सकारात्मक विचारों के साथ करने लगी। उसने अपने अंदर के सकारात्मक गुणों को पहचाना और उनका उपयोग अपने लाभ के लिए किया।

आत्म - प्रेम और सेल्फ - केयर: अपने आप की देखभाल करना और आत्म-प्रेम करना आवश्यक है। इस अनुभाग में, सेल्फ-केयर के लिए उपयुक्त तरीकों, स्वयं के प्रति प्यार और सम्मान के लाभोंऔर अपने आपसे संबंधित सकारात्मक और स्वस्थ आदतों पर विचार किया जा सकता है।

आत्म-प्रेम और सेल्फ-केयर दो महत्वपूर्ण अवधारणाएं हैं जो हमारे स्वयं की देखभाल और स्वस्थ जीवन के लिए महत्वपूर्ण हैं। यह हमें अपने आप की जरूरतों, इच्छाओं और संतुष्टि की खोज में सहायता करता है। इस अनुभाग में हम सेल्फ-केयर के लिए कुछ उपयुक्त तरीकों, स्वयं के प्रति प्यार और सम्मान के लाभोंऔर सकारात्मक और स्वस्थ आदतों के बारे में विचार करेंगे।

स्वस्थ आहार: एक उचित और पौष्टिक आहार प्राप्त करना सेल्फ-केयर का महत्वपूर्ण हिस्सा है। हमें अपने शरीर को पोषण प्रदान करने वाले तत्वों को सही मात्रा में लेना चाहिए। उदाहरण के लिए, हमें संतुलित आहार में फल, सब्जियां, पूरे अनाज, प्रोटीन और हेल्दी तेल शामिल करना चाहिए। इससे हमारा शारीरिक स्वास्थ्य बना रहेगा और हमें ऊर्जा की आवश्यकता पूरी होगी।

शारीरिक गतिविधि: नियमित शारीरिक गतिविधि करना हमारे शारीरिक और मानसिक स्वास्थ्य के लिए आवश्यक है। यह हमें मानसिक तनाव को कम करने, मस्तिष्क को सक्रिय करने और ऊर्जा को बढ़ाने में सहायता करता है। उदाहरण के लिए, योग, ध्यान, व्यायाम, स्विमिंग, चलना या दौड़ना जैसी गतिविधियां हमें शारीरिक तौर पर स्वस्थ रखने में सहायता कर सकती हैं।

सक्रिय मन: सेल्फ-केयर का हिस्सा मानसिक स्वास्थ्य और शांतिको बनाए रखना है। हमें अपने मन की देखभाल करनी चाहिए और निरंतर सकारात्मक सोच और आदतों को विकसित करना चाहिए। इसके लिए हम अपने दिन के लिए समय निकाल सकते हैं और मन को शांत करने वाली गतिविधियों में शामिल हो सकते हैं, जैसे कि मन को स्थिर रखने के लिए ध्यान करना, सकारात्मक अवधारणाओं को पढ़ना या सुनना, या अपने पसंदीदा क्रिएटिव गतिविधियों में लिप्त होना।

संबंधों की देखभाल: हमारे साथी, परिवार और मित्रों के साथ स्वस्थ संबंध रखना भी सेल्फ-केयर का महत्वपूर्ण हिस्सा है। हमें ध्यान देना चाहिए कि हम उनकी जरूरतों और भावनाओं को समझें और संबंधों को स्नेहपूर्णता और सम्मान के साथ निभाएं। इससे हम आत्म-प्रेम और संतुष्टि का अनुभव करते हैं और हमारी मानसिक तनाव कम होती है।

समय का प्रबंधन: सेल्फ-केयर के लिए समय का सही प्रबंधन करना आवश्यक है। हमें अपने लिए निर्धारित समय निकालना चाहिए जहां हम अपनी प्रिय गतिविधियों, आराम और आनंद के लिए समय बिता सकते हैं। यह हमें स्वस्थ, सकारात्मक और ताजगी की भावना देता है।

इन सभी तरीकों से, हम सेल्फ-केयर करने के माध्यम से अपने आप की देखभाल करते हैं और आत्म-प्रेम करते हैं। यह हमें स्वस्थ, सकारात्मक और संतुष्ट जीवन जीने में सहायता करता है। यह हमारे संघर्षों को कम करने, मानसिक तनाव को संतुलित करनेऔर अधिक समृद्ध और पूर्णतावादी जीवन की ओर आग्रह करता है। सेल्फ-केयर हमें अपने स्वास्थ्य, समृद्धि और समानता की दिशा में आगे बढ़ने में सहायता करता है। इसके अतिरिक्त, यह हमें अपने लक्ष्यों की प्राप्ति, संबंधों में सुधार और अपने अधिकारों और मूल्यों की प्रतिष्ठा में सहायता करता है। सेल्फ-केयर के माध्यम से हम अपने जीवन के नियंत्रण में होते हैं और स्वयं को एक पूर्णतावादी, उद्यमी और प्रफुल्लित मानव के रूप में विकसित करते हैं।

आदर्शों और मूल्यों का पालन

आदर्शों और मूल्यों का पालन: आदर्शों और मूल्यों का पालन हमारी व्यक्तित्विक विकास में महत्वपूर्ण भूमिका निभाता है। इस अनुभाग में, आदर्शों और मूल्यों का महत्व, इनका स्वयं के जीवन में शामिल करने के तरीकेऔर इनके पालन से कैसे समृद्ध और उदार जीवन जीने में सहायता मिलती है, इस पर चर्चा की जा सकती है।

आदर्शों और मूल्यों का पालन हमारे जीवन में एक महत्वपूर्ण भूमिका निभाता है। ये हमारे व्यक्तित्व को संरक्षित रखने, सही निर्णय लेने और उच्चतम मानकों की प्राप्ति में सहायता करते हैं। आदर्श और मूल्य हमारे जीवन के निर्माण में मार्गदर्शन करते हैं और हमें उच्चतम आदर्शों की ओर प्रेरित करते हैं।

जब हम अपने आदर्शों और मूल्यों का पालन करते हैं, हम अपने जीवन को उच्चतम मानकों के साथ जीने का प्रयास करते हैं। यह हमें ईमानदार, न्यायप्रियऔर निष्ठावान बनाता है। इनका पालन करने से हम अपने व्यक्तित्व को सुदृढ़ करते हैं और एक सच्चे और मान्यवादी व्यक्ति की पहचान बनाते हैं।

व्यक्ति अपने आदर्शों और मूल्यों को अपने जीवन में शामिल करने के लिए कई तरीके अपना सकता है। उदाहरण के रूप में, वह अपने जीवन के लक्ष्यों और महत्वपूर्णताओं को स्पष्ट रूप से परिभाषित कर सकता है और उन पर ध्यान केंद्रित कर सकता है। वह निरंतरता के साथ अपने मूल्यों के प्रति वचनबद्ध रह सकता है और यदि कभी वे अवधारणाओं से भिन्न होते हैं, तो वे उन्हें मनन करके सुपार कर सकते हैं।

आदर्शों और मूल्यों के पालन से हमें समृद्ध और उदार जीवन

जीने में सहायता मिलती है। जब हम उच्चतम मानकों के साथ जीते हैं, तो हम अपने आसपासऔर समाज में सकारात्मक परिवर्तन लाने में सहायता करते हैं। इससे हमारे साथी मानवों के प्रति हमारी समझ, सहानुभूति और सहयोग की भावना विकसित होती है। यह हमारे व्यक्तिगत, परिवारिक और सामाजिक संबंधों में सुख, शांतिऔर समृद्धि का स्थापना करता है।

एक उदाहरण के रूप में, यदि कोई व्यक्ति न्यायप्रियता को अपना मूल्य मानता है, तो वह अपने समाज में न्याय के लिए लड़ाई लड़ने और दुष्कर्मों के खिलाफ आवाज उठाने का प्रयास कर सकता है। यदि कोई व्यक्ति समाज सेवा को महत्वपूर्ण मानता है, तो वह अपने समुदाय में योगदान करके गरीबों और असहाय लोगों की सहायता कर सकता है। इस तरह से, आदर्शों और मूल्यों का पालन करने से हम समाज में सकारात्मक परिवर्तन लाने में सक्षम होते हैं।

सर्वोत्तम आदर्शों और मूल्यों का पालन हमारे जीवन को एक दिशानिर्देश देता है और हमें संतुलित, सत्यापित और समृद्ध जीवन में सहायता करता है। इसके अतिरिक्त, यह हमें स्वयं को समझने, अपने मूल्यों का परिचय करने और अपने जीवन की गुणवत्ता को सुनिश्चित करने में सहायता करता है। इसलिए, हमें अपने आदर्शों और मूल्यों का पालन करने का प्रयास करना चाहिए ताकि हम एक नेतृत्वपूर्ण, सच्चे और समृद्ध जीवन जी सकें।

बहुत समय पहले, एक छोटे से गांव में रवि नाम का एक गुणी और ईमानदार लड़का रहता था। रवि के पास एक छोटी सी दुकान थी जहां वह आदर्शों और मूल्यों का पालन करता था।

रवि की दुकान बहुत प्रसिद्ध थी क्योंकि उसने सदैव उच्चतम मानकों को बनाए रखा था। वह ग्राहकों की उच्च गुणवत्ता के उत्पाद और सेवाओं की पेशकश करता था और सदैव ईमानदारी से काम करता था।

एक दिन रवि की दुकान में एक आदमी आया और उसने रवि से एक बड़ी मात्रा में सामग्री खरीदने के लिए कहा। रवि ने प्रसन्नतापूर्वक उसकी सेवा की और उससे उच्च गुणवत्ता का सामान निकाल कर दिया। किन्तु बाद में उसे पता चला कि उसने उस आदमी को जो झूला दिया था, उसकी लाइन में उसने एक छोटी सी कमी कर दी थी। पता चलते ही रवि ने उस व्यापारी का तुरंत पीछा किया और उसे इसे वापस करने को कहा।

एक बार, एक नौजवान लड़का अपनी माँ के साथ रवि की दुकान पर आया। लड़के का एक स्कूल बैग खरीदने का मन था। किन्तु रवि ने देखा कि उस लड़के के पास इसे खरीदने के लिए पैसे की कमी थी और वह अपनी माँ से अनुमति लिए बिना ही इस बैग को खरीदने का प्रयास कर रहा था। रवि ने आदर्शों और मूल्यों का पालन करते हुए उस लड़के को वो बैग मुफ़्त में ही दे दिया और उसे आशीर्वाद दिया।

इसी प्रकार एक गांव में राजीव नाम का एक बुजुर्ग आदमी रहा करता था। वह हमेशा ही मानवीयता और सामरिकता का पालन किया करता था। उसकी अपने गांव में एक छोटी सी दुकान थी और वह उसी से अपना निर्वाह करते हुए सभी लोगों के बीच मानवीयता को बढ़ावा देने के लिए प्रयास किया करता और इसे ही विशेष महत्व देता था।

एक बार, एक गरीब परिवार का एक बच्चा राजीव की दुकान पर आया। उसे अपने पिता के लिए एक जोड़ी जूते की आवश्यकता थी। बच्चे के पास पैसे नहीं थे, लेकिन वह अपने पिताजी के लिए बहुत चिंतित था, क्योंकि उन्हें दिनचर्या के लिए एक अच्छी जोड़ी जूतों की आवश्यकता थी।

राजीव ने बच्चे की परेशानी देखी और उसे ध्यान में लेते हुए जूते को मुफ्त में देने का निर्णय लिया। बच्चा बहुत खुश हुआ और राजीव को धन्यवाद दिया।

इसके बाद से, राजीव की दुकान में लोगों के बीच एक अद्वितीय

माहौल बन गया। लोग उसकी दुकान पर आते थे न केवल उच्च गुणवत्ता के उत्पादों के लिए, बल्कि उनके मानवीयता और सामरिकता के लिए भी।

एक दिन, एक व्यापारी दुकान में बड़ी मात्रा में सामग्री खरीदने आया। राजीव ने उसे सही कीमत बताई, लेकिन व्यापारी ने ध्यान से देखा कि राजीव ने उसे कुछ अधिक पैसे लेने की कोशिश नहीं की। यह देखकर व्यापारी चकित हो गया और उसने कहा, 'तुम एक अद्वितीय व्यापारी हो! तुम सीमित मार्जिन पर चलते हो और व्यापार के स्थान पर मानवीयता और सामरिकता को प्राथमिकता देते हो। तुम्हारी यह दुकान एक अद्वितीय स्थान है जहाँ सभी लोगों का स्वागत हैं।' राजीव ने मुस्कुराते हुए कहा, 'धन्यवाद! मेरे लिए मानवीयता और सामरिकता हमेशा सबसे महत्वपूर्ण रहेंगी। मेरी दुकान हमेशा आपके लिए खुली रहेगी और मैं सदैव आपकी सेवा में उपलब्ध रहूंगा।'

इस प्रकार, राजीव ने अपनी दुकान के माध्यम से मानवीयता और सामरिकता की महत्वपूर्णता को सिद्ध किया। उन्होंने एक उदाहरण स्थापित किया कि एक व्यापारी भी मानवीयता और सामरिकता को महत्व देने के साथ सफलता प्राप्त कर सकता है। राजीव के प्रयासों के कारण, उनकी दुकान में एक ऐसा माहौल बना जहां लोग सिर्फ उच्च गुणवत्ता के उत्पादों के लिए ही नहीं आते थे, बल्कि उनकी मानवीयता और सामरिकता के लिए भी।

संगठनात्मक क्षमता

एक समय की बात है, एक छोटे से गांव में एक गरीब लड़का रहता था। उसके पास केवल थोड़ी सी ज़मीन और कुछ पशु-पक्षी थे। लिया का सपना था कि वह अपने गांव की स्थिति को सुधारे और अपने परिवार को बेहतर जीवन प्रदान करे।

लिया ने एक दिन एक संगठनात्मक क्षमता के बारे में सुना और उसे अपने जीवन में लाने का निर्णय लिया। उसने समय प्रबंधन, संसाधनों का उपयोग और कार्य संगठन की कला सीखने का फैसला किया।

लिया ने अपनी ज़मीन को प्रभावी ढंग से उपयोग करना शुरू किया। उसने अलग-अलग खेतों में अलग-अलग फसलें उगाने का नियमित तारीके से व्यवस्थित किया और समय-सारिणी बनाई ताकि हर कार्य सही समय पर हो सके। उसने नये औजार खरीदे और पशु-पक्षी की देखभाल में सुधार किया।

लिया ने अपने कार्यों को व्यवस्थित करने के लिए एक संगठित प्रणाली अपनाई। वह अपने दैनिक कार्यों को सूचीबद्ध करता था और उन्हें प्राथमिकताओं के आधार पर व्यवस्थित करता था। इससे उसका समय और संसाधनों का उपयोग बेहतर ढंग से होने लगा।

संगठनात्मक क्षमता के प्रभाव से लिया का जीवन बदलने लगा। उसकी फसलें बढ़ने लगीं और उसे अधिक मुनाफा मिलने लगा। वह अपने पशु-पक्षी के लिए अधिक संरक्षण सुनिश्चित कर सकता था। उसंगठनात्मक क्षमता के प्रभाव से लिया का जीवन बदलने लगा। उसकी फसलें बढ़ने लगीं और उसे अधिक मुनाफा मिलने लगा। वह अपने पशु-पक्षी के लिए अधिक संरक्षण सुनिश्चित कर सकता था। उसने गांव में अन्य किसानों को भी

संगठित करने के लिए प्रेरित किया और उन्हें अपने ज्ञान और अनुभव साझा करने का प्रयास किया। इससे गांव की सामृद्धि में सुधार हुआ और उसकी संगठनात्मक क्षमता ने एक सकारात्मक प्रभाव पैदा किया।

लिया की संगठनात्मक क्षमता ने उसे एक सफल व्यवसायी बना दिया। उसने अपनी ज़मीन का आकार बढ़ाया और नई फसलों की खेती शुरू की। उसने अपनी खेती के उत्पादों को अधिक मार्केट में बेचने के लिए नए विपणन तकनीकों का उपयोग किया। इससे उसकी आय और मार्जिन में वृद्धि हुई और उसका व्यवसाय नई ऊंचाइयों को छूने लगा।

लिया की कहानी से हमें यह सीख मिलती है कि संगठनात्मक क्षमता का महत्व व्यापक है। यह हमें अपने कार्यों को व्यवस्थित करने, समय और संसाधनों का उपयोग करनेऔर अपने लक्ष्यों की प्राप्ति के लिए सही रणनीति बनाने में सहायता करती है। संगठनात्मक क्षमता हमें संघटित और प्रभावी बनाती है, जिससे हम अपने सपनों को पूरा करने के लिए सक्रिय रूप से काम कर सकते हैं।

संगठनात्मक क्षमता: संगठनात्मक क्षमता हमारे जीवन में महत्वपूर्ण है, क्योंकि यह हमें अपना समय, संसाधन और कार्यों को प्रबंधित करने की क्षमता प्रदान करती है। इस अनुभाग में, संगठनात्मक क्षमता के लाभ, संगठनात्मक क्षमता कैसे विकसित की जा सकती हैऔर इसका जीवन पर कैसा परिणाम हो सकता है, इसका विस्तार सम्पूर्ण करते हैं।

संगठनात्मक क्षमता हमें अपने जीवन के प्रत्येक क्षेत्र में लाभ पहुंचाती है। यह हमें कार्यों को आयोजित करने, समय का उपयोग करनेऔर संसाधनों को प्रभावी ढंग से उपयोग करने में सहायता करती है। जब हम संगठनात्मक क्षमता विकसित करते हैं, तो हम अपने दैनिक कार्यों को सुचारु रूप से प्रबंधित कर सकते हैं, स्ट्रेस को कम कर सकते हैंऔर उच्चतम प्रदर्शन को संभव बना सकते हैं।

संगठनात्मक क्षमता को विकसित करने के लिए कई तरीके हैं। पहले, हमें अपने लक्ष्यों और प्राथमिकताओं को स्पष्ट करना चाहिए ताकि हम अपने संसाधनों का उचित उपयोग कर सकें। दैनिक कार्यों को आयोजित करने के लिए, हमें एक अच्छा कार्य संगठन प्रणाली अपनानी चाहिए, जो कार्य को आसान बनाने में सहायता करेगी। समय का उपयोग करने के लिए, हमें अपने कार्यों को प्राथमिकताओं के आधार पर व्यवस्थित करना चाहिए और नियमित रूप से कार्यों की समय सारिणी बनानी चाहिए। संसाधनों को प्रभावी ढंग से उपयोग करने के लिए, हमें अपनी उपलब्धियों को समय-सारिणी के अनुसार प्रबंधित करना चाहिए और उच्चतम महत्वपूर्णता वाले कार्यों पर ध्यान केंद्रित करना चाहिए।

संगठनात्मक क्षमता का विकास हमारे जीवन पर कई प्रभाव डाल सकता है। इससे हमारा समय प्रभावी ढंग से प्रबंधित होता है, जिससे हम अधिक कार्य कर सकते हैं और अपने लक्ष्यों की प्राप्ति कर सकते हैं। संगठनात्मक क्षमता के विकास से हमारी प्रदर्शन क्षमता बढ़ती है और हम अधिक संगठित और उच्चतर स्तर के कार्य कर सकते हैं। इससे हमें स्ट्रेस कम होता है और हम अपने कार्यों को नियंत्रित करने में सक्षम होते हैं। संगठनात्मक क्षमता सामान्य जीवन में सुगमता और सफलता का स्रोत बनती है और हमें अपने उद्यमों और आवश्यकताओं को संगठित रूप से पूरा करने में सहायता करती है।

समृद्धि और धन की महत्वपूर्णता

आज की तेज़ रफ़्तार दुनिया में, धन और समृद्धि की खोज कई व्यक्तियों के लिए सर्वोच्च प्राथमिकता बन गई है। धन और समृद्धि के महत्व को कम करके नहीं आंका जा सकता, क्योंकि वे हमारे जीवन और हमारे आस-पास की दुनिया को आकार देने में महत्वपूर्ण भूमिका निभाते हैं। इस लेख में, हम धन और समृद्धि के महत्व और वे हमारे जीवन को कैसे प्रभावित करते हैं, इस पर चर्चा करेंगे।

धन और समृद्धि को अक्सर एक दूसरे के स्थान पर इस्तेमाल किया जाता है, लेकिन उनके अलग-अलग अर्थ हैं। धन का अर्थ है मूल्यवान संसाधनों या संपत्तियों की प्रचुरता, जबकि समृद्धि सफल या संपन्न होने की स्थिति है, खासकर वित्तीय दृष्टि से। धन और समृद्धि दोनों ही एक पूर्ण और सफल जीवन के लिए आवश्यक हैं।

धन और समृद्धि महत्वपूर्ण क्यों हैं, इसका एक प्रमुख कारण यह है कि वे हमें एक आरामदायक और सुरक्षित जीवन जीने के साधन प्रदान करते हैं। धन के साथ, हम भोजन, आश्रय और कपड़े जैसी बुनियादी ज़रूरतों को पूरा कर सकते हैं, साथ ही विलासिता और अनुभव भी पा सकते हैं जो हमारे जीवन की गुणवत्ता को बढ़ाते हैं। दूसरी ओर, समृद्धि हमें अपने लक्ष्यों और सपनों को प्राप्त करने की अनुमति देती है, चाहे वह व्यवसाय शुरू करना हो, दुनिया की यात्रा करना हो या किसी जुनून का पीछा करना हो।

इसके अलावा, धन और समृद्धि हमें अपने प्रियजनों का समर्थन करने और समाज की भलाई में योगदान करने में सक्षम बनाती है। हमारे पास वित्तीय संसाधन होने से, हम अपने परिवारों के लिए प्रावधान कर सकते हैं, ज़रूरतमंदों की मदद कर सकते हैं और उन कारणों में निवेश कर

सकते हैं जो हमारे लिए महत्वपूर्ण हैं। धन और समृद्धि हमें अपने मूल्यों और विश्वासों के अनुरूप चुनाव करने की स्वतंत्रता भी देती है, जिससे हम एक पूर्ण और उद्देश्यपूर्ण जीवन जी सकते हैं।

धन और समृद्धि के व्यक्तिगत लाभों के अलावा, वे आर्थिक विकास और विकास को आगे बढ़ाने में भी महत्वपूर्ण भूमिका निभाते हैं। धन सृजन से रोजगार सृजन, नवाचार और निवेश होता है, जो बदले में आर्थिक गतिविधि को बढ़ावा देता है और जीवन स्तर में सुधार करता है। धन और समृद्धि के उच्च स्तर वाले देशों में आर्थिक विकास के उच्च स्तर, गरीबी के निम्न स्तर और अपने नागरिकों के लिए जीवन की बेहतर समग्र गुणवत्ता होती है।

हालांकि, यह ध्यान रखना महत्वपूर्ण है कि धन और समृद्धि केवल भौतिक संपत्ति या वित्तीय सफलता के बारे में नहीं है। सच्चा धन और समृद्धि जीवन के सभी पहलुओं को शामिल करती है, जिसमें शारीरिक, मानसिक, भावनात्मक और आध्यात्मिक कल्याण शामिल है। यह हमारे जीवन के सभी क्षेत्रों में संतुलन और सामंजस्य खोजने और हमारे मूल्यों और उद्देश्य के अनुरूप जीने के बारे में है।

इसके अलावा, धन और समृद्धि कुछ चुनिंदा व्यक्तियों या देशों तक सीमित नहीं है। वे किसी भी व्यक्ति द्वारा प्राप्त किए जा सकते हैं जो कड़ी मेहनत करने, जोखिम उठाने और स्मार्ट विकल्प चुनने के लिए तैयार है। सही मानसिकता और दृष्टिकोण के साथ, कोई भी व्यक्ति अपनी पृष्ठभूमि या परिस्थितियों की परवाह किए बिना धन और समृद्धि प्राप्त कर सकता है।

धन और समृद्धि एक पूर्ण और सफल जीवन के लिए आवश्यक हैं। वे हमें आराम से रहने, अपने प्रियजनों का समर्थन करने, समाज में योगदान करने और अपने सपनों को पूरा करने के साधन प्रदान करते हैं। धन और समृद्धि आर्थिक विकास को आगे बढ़ाने और व्यक्तियों और समुदायों के लिए

जीवन की समग्र गुणवत्ता में सुधार करने में भी महत्वपूर्ण भूमिका निभाते हैं। अपने जीवन के सभी क्षेत्रों में धन और समृद्धि के लिए प्रयास करके, हम अपने और आने वाली पीढ़ियों के लिए एक अधिक समृद्ध और सामंजस्यपूर्ण दुनिया बना सकते हैं।

कौशल विकास और नौकरी की तलाश

आज के प्रतिस्पर्धी जॉब मार्केट में, जॉब पाने और अपने करियर में आगे बढ़ने के लिए सही कौशल होना ज़रूरी है। कौशल विकास एक आजीवन प्रक्रिया है जिसके लिए निरंतर सीखने और सुधार की आवश्यकता होती है। चाहे आप हाल ही में स्नातक हुए हों और अपनी पहली जॉब की तलाश कर रहे हों या फिर एक अनुभवी पेशेवर जो अपना करियर बदलना चाहते हों, नए कौशल विकसित करने से आपको प्रतिस्पर्धा में अलग दिखने और सफलता की संभावना बढ़ाने में मदद मिल सकती है।

अपने कौशल को विकसित करने के कई तरीके हैं, जिनमें औपचारिक शिक्षा, ऑन-द-जॉब प्रशिक्षण और स्व-अध्ययन शामिल हैं। औपचारिक शिक्षा, जैसे कि कॉलेज या व्यावसायिक प्रशिक्षण कार्यक्रमों में भाग लेना, आपको अपने चुने हुए क्षेत्र में सफल होने के लिए आवश्यक ज्ञान और कौशल प्रदान कर सकता है। ऑन-द-जॉब प्रशिक्षण, जैसे कि इंटर्नशिप या अप्रेंटिसशिप, आपको व्यावहारिक अनुभव दे सकता है और आपको व्यावहारिक कौशल विकसित करने में मदद कर सकता है जो नियोक्ताओं द्वारा मांग में हैं। स्व-अध्ययन, जैसे कि ऑनलाइन पाठ्यक्रम लेना या प्रासंगिक विषयों पर किताबें पढ़ना, आपको नए कौशल हासिल करने और अपने क्षेत्र में वर्तमान बने रहने में भी मदद कर सकता है।

आज के जॉब मार्केट में विकसित किए जाने वाले सबसे महत्वपूर्ण कौशलों में से एक डिजिटल साक्षरता है। कार्यस्थल में प्रौद्योगिकी के बढ़ते उपयोग के साथ, नियोक्ता ऐसे उम्मीदवारों की तलाश कर रहे हैं जो कंप्यूटर, सॉफ़्टवेयर और अन्य डिजिटल उपकरणों का उपयोग करने में कुशल हों। डिजिटल साक्षरता में Microsoft Office प्रोग्राम का उपयोग करना,

इंटरनेट पर नेविगेट करना और पेशेवर नेटवर्किंग के लिए सोशल मीडिया का उपयोग करना जैसे कौशल शामिल हैं। अपने डिजिटल साक्षरता कौशल को विकसित करके, आप नियोक्ताओं के लिए खुद को अधिक बिक्री योग्य बना सकते हैं और नौकरी पाने की अपनी संभावनाओं को बढ़ा सकते हैं।

विकसित करने के लिए एक और महत्वपूर्ण कौशल संचार है। नौकरी खोज प्रक्रिया के सभी पहलुओं में प्रभावी संचार आवश्यक है, रिज्यूमे और कवर लेटर लिखने से लेकर नौकरी के लिए साक्षात्कार तक। नियोक्ता ऐसे उम्मीदवारों की तलाश कर रहे हैं जो मौखिक और लिखित दोनों तरह से स्पष्ट और पेशेवर तरीके से संवाद कर सकें। अपने संचार कौशल को विकसित करके, आप नौकरी पाने और अपने करियर में आगे बढ़ने की संभावनाओं को बेहतर बना सकते हैं।

तकनीकी और संचार कौशल के अलावा, नियोक्ता ऐसे उम्मीदवारों की भी तलाश कर रहे हैं जिनके पास टीमवर्क, समस्या-समाधान और समय प्रबंधन जैसे सॉफ्ट स्किल्स हों। कार्यस्थल में सफलता के लिए सॉफ्ट स्किल्स आवश्यक हैं, क्योंकि वे आपको दूसरों के साथ प्रभावी ढंग से काम करने, रचनात्मक रूप से समस्याओं को हल करने और अपने समय का कुशलतापूर्वक प्रबंधन करने में सक्षम बनाते हैं। अपने सॉफ्ट स्किल्स को विकसित करके, आप नियोक्ताओं को दिखा सकते हैं कि आप एक सर्वगुण संपन्न उम्मीदवार हैं जो विभिन्न भूमिकाओं में सफल होने में सक्षम हैं।

अपने कौशल को विकसित करने के सर्वोत्तम तरीकों में से एक है पेशेवर विकास के अवसरों की तलाश करना। इसमें कार्यशालाओं और सेमिनारों में भाग लेना, पेशेवर संगठनों में शामिल होना और अपने क्षेत्र में अन्य लोगों के साथ नेटवर्किंग करना शामिल हो सकता है। व्यावसायिक विकास आपको अपने क्षेत्र में वर्तमान बने रहने, अपने ज्ञान और कौशल का विस्तार करने और दूसरों से जुड़ने में मदद कर सकता है जो आपके करियर में

आगे बढ़ने में आपकी मदद कर सकते हैं। अपने पेशेवर विकास में निवेश करके, आप नियोक्ताओं के लिए अपना मूल्य बढ़ा सकते हैं और नौकरी के बाजार में सफलता के लिए खुद को तैयार कर सकते हैं।

अंत में, नौकरी पाने और अपने करियर में आगे बढ़ने के लिए कौशल विकास आवश्यक है। तकनीकी, संचार और सॉफ्ट स्किल्स का संयोजन विकसित करके, आप नियोक्ताओं के लिए खुद को अधिक बिक्री योग्य बना सकते हैं और अपनी सफलता की संभावनाओं को बढ़ा सकते हैं। चाहे आप हाल ही में स्नातक हुए हों या अनुभवी पेशेवर, अपने कौशल में निवेश करने से आपको प्रतिस्पर्धा से अलग दिखने और अपने करियर के लक्ष्यों को प्राप्त करने में मदद मिल सकती है। इसलिए, आज ही अपने कौशल को विकसित करना शुरू करें और एक सफल करियर की ओर पहला कदम बढ़ाएँ।

मनोवैज्ञानिक दृष्टिकोण, समस्याओं का समाधान

मनोविज्ञान मन और व्यवहार का वैज्ञानिक अध्ययन है। इसमें मस्तिष्क के काम करने के तरीके को समझने से लेकर लोगों के एक-दूसरे के साथ बातचीत करने के तरीके की खोज तक कई तरह के विषय शामिल हैं। हाल के वर्षों में, वास्तविक दुनिया की समस्याओं को हल करने के लिए मनोवैज्ञानिक सिद्धांतों को लागू करने में रुचि बढ़ रही है। इस दृष्टिकोण को अनुप्रयुक्त मनोविज्ञान के रूप में जाना जाता है, जिसमें मानसिक स्वास्थ्य से लेकर सामाजिक न्याय तक कई तरह के मुद्दों को संबोधित करने की क्षमता है।

अनुप्रयुक्त मनोविज्ञान के प्रमुख पहलुओं में से एक है समस्याओं को समझने और हल करने के लिए एक समग्र दृष्टिकोण अपनाना। इसका मतलब है कि समस्या को मनोवैज्ञानिक, सामाजिक और सांस्कृतिक कारकों सहित कई दृष्टिकोणों से देखना। मुद्दे का व्यापक दृष्टिकोण अपनाकर, मनोवैज्ञानिक अधिक प्रभावी समाधान विकसित कर सकते हैं जो समस्या के मूल कारणों को संबोधित करते हैं।

उदाहरण के लिए, आइए मादक द्रव्यों के सेवन के मुद्दे पर विचार करें। मादक द्रव्यों के सेवन के उपचार के पारंपरिक दृष्टिकोण अक्सर व्यक्तिगत कारकों, जैसे आनुवंशिकी या व्यक्तिगत इतिहास पर ध्यान केंद्रित करते हैं। जबकि ये कारक महत्वपूर्ण हैं, वे पूरी कहानी नहीं बताते हैं। एक समग्र दृष्टिकोण अपनाकर, मनोवैज्ञानिक सामाजिक और पर्यावरणीय कारकों पर भी विचार कर सकते हैं जो मादक द्रव्यों के सेवन में योगदान करते हैं, जैसे गरीबी, आघात या मानसिक स्वास्थ्य सेवाओं तक पहुँच की कमी। इन अंतर्निहित मुद्दों को संबोधित करके, मनोवैज्ञानिक अधिक प्रभावी

हस्तक्षेप विकसित कर सकते हैं जो व्यक्तियों को उनके मादक द्रव्यों के सेवन की समस्याओं पर काबू पाने में मदद करते हैं।

अनुप्रयुक्त मनोविज्ञान का एक अन्य प्रमुख पहलू साक्ष्य-आधारित प्रथाओं का उपयोग है। इसका अर्थ है हस्तक्षेपों और उपचारों का मार्गदर्शन करने के लिए वैज्ञानिक अनुसंधान का उपयोग करना। अनुभवजन्य साक्ष्य पर भरोसा करके, मनोवैज्ञानिक यह सुनिश्चित कर सकते हैं कि उनके हस्तक्षेप प्रभावी हैं और सर्वोत्तम उपलब्ध ज्ञान पर आधारित हैं। यह दृष्टिकोण पुरानी या अप्रभावी प्रथाओं पर निर्भर होने के नुकसान से बचने में मदद करता है और यह सुनिश्चित करता है कि हस्तक्षेप व्यक्ति की विशिष्ट आवश्यकताओं के अनुरूप हों।

हाल के वर्षों में, मनोवैज्ञानिक हस्तक्षेपों को बढ़ाने के लिए प्रौद्योगिकी का उपयोग करने में रुचि बढ़ रही है। उदाहरण के लिए, आभासी वास्तविकता चिकित्सा का उपयोग फ़ोबिया और PTSD के इलाज के लिए किया गया है, जबकि मोबाइल ऐप व्यक्तियों को तनाव और चिंता का प्रबंधन करने में मदद करने के लिए विकसित किए गए हैं। इन तकनीकी प्रगति में मनोवैज्ञानिक हस्तक्षेपों को अधिक सुलभ और प्रभावी बनाने की क्षमता है, जो उन व्यक्तियों की एक विस्तृत श्रृंखला तक पहुँच सकते हैं जिनके पास पारंपरिक चिकित्सा तक पहुँच नहीं हो सकती है।

अनुप्रयुक्त मनोविज्ञान में प्रमुख चुनौतियों में से एक यह सुनिश्चित करना है कि हस्तक्षेप सांस्कृतिक रूप से संवेदनशील और समावेशी हों। इसका मतलब है व्यक्तियों की विविध पृष्ठभूमि और अनुभवों को ध्यान में रखनाऔर उनकी विशिष्ट आवश्यकताओं को पूरा करने के लिए हस्तक्षेपों को तैयार करना। हस्तक्षेपों में सांस्कृतिक कारकों को शामिल करके, मनोवैज्ञानिक यह सुनिश्चित कर सकते हैं कि उनका काम सभी व्यक्तियों के लिए प्रासंगिक और प्रभावी हो, चाहे उनकी पृष्ठभूमि कुछ भी हो।

कुल मिलाकर, अनुप्रयुक्त मनोविज्ञान में मानसिक स्वास्थ्य से लेकर सामाजिक न्याय तक कई तरह के मुद्दों को संबोधित करने की क्षमता है। एक समग्र दृष्टिकोण अपनाकर, साक्ष्य-आधारित प्रथाओं का उपयोग करकेऔर प्रौद्योगिकी और सांस्कृतिक संवेदनशीलता को शामिल करके, मनोवैज्ञानिक प्रभावी हस्तक्षेप विकसित कर सकते हैं जो व्यक्तियों को उनकी समस्याओं को दूर करने और स्वस्थ, खुशहाल जीवन जीने में मदद करते हैं। जैसे-जैसे अनुप्रयुक्त मनोविज्ञान का क्षेत्र विकसित होता जा रहा है, यह देखना रोमांचक होगा कि मनोवैज्ञानिक समाज पर सकारात्मक प्रभाव डालने के लिए अपने ज्ञान और कौशल का उपयोग किस तरह से करते हैं।

लेखक की अन्य रचनाएँ

1.स्वप्न विश्लेषण
2.सपनों की दुनिया
3.सुहाने पल
4.सफल जीवन
5.पल भर की छांव
6.अदृश्य लोक
7.जीना इसी का नाम है
8.मैं साधु नहीं
9.आप स्वयं को बदल सकते है
10.चांदनी
11.आओ कुछ देर सोच लें
12.ऐसा होता तो नहीं
13.हवाओं का आंचल
14.मरने से पहले
15.रहस्यमय यात्रा
16.रात अकेली है
17.ऐसा मेरे साथ ही क्यों होता है
18.दो कदम दूर थे
19.Dynamics of mind
20.Unleashing:Your Inner Greatness
21.Successful Life
22.Metaverse
23.मनोबल की शक्ति
24.स्वप्न विज्ञान
25.लक्ष्य कैसे प्राप्त करें
26.स्वर्ग का मार्ग
27.आत्मज्ञान और आत्म-साक्षात्कार